LA MAITRISE DE SOI

PSYCHOLOGIE ET SCIENCES HUMAINES

Dr PAUL CHAUCHARD
Directeur à l'Ecole des Hautes Etudes
Professeur à l'Ecole de Psychologues Praticiens

la maîtrise de soi

psychophysiologie de la volonté

Septième édition

DESSART ET MARDAGA, EDITEURS
2, GALERIE DES PRINCES, BRUXELLES

1re édition : septembre 1963
2e édition : mai 1964
3e édition : janvier 1965
4e édition : décembre 1965
5e édition : avril 1967
6e édition : mars 1969
7e édition : septembre 1971

D - 1975/0024/7

DU MEME AUTEUR

Collection « *Que sais-je ?* » *Presses Univ. de France.*
Le système nerveux et ses inconnues, 1941, 49e mille, 1961.
La chimie du cerveau, 1943, 25e mille, 1960.
Les messages de nos sens, 1944, 25e mille, 1959.
Les muscles, 1945, 25e mille, 1963.
La mort, 1947, 24e mille, 1960.
La douleur, 1947, 19e mille, 1959.
Physiologie de la conscience, 1948, 32e mille, 1963.
Hypnose et suggestion, 1950, 20e mille, 1960.
Le cœur et ses maladies, 1952, 18e mille, 1960.
L'équilibre sympathique, 1953, 18e mille, 1961.
Physiologie des mœurs, 1953, 18e mille, 1961.
La médecine psychosomatique, 1955, 20e mille, 1960.
Sociétés animales, société humaine, 1956.
Le langage et la pensée, 1956, 28e mille, 1962.
La vie sexuelle, 1957, 39e mille, 1962.
La fatigue, 1956, 20e mille, 1962.
Le cerveau humain, 1958, 14e mille, 1961.
Le sommeil et les états de sommeil, Flammarion, « Bibliothèque de Philosophie scientifique », 1947.
L'influx nerveux et la psychologie, P.U.F., « Encycl. Phil. », 1950.
Le système nerveux sympathique, Gallimard, 1949.
Les mécanismes cérébraux de la prise de conscience, Masson, 1956.
La maîtrise du comportement, P.U.F., « Bibl. de Philosophie contemporaine », 1956.
La foi du savant chrétien, Aubier, 1957 *(épuisé)*.
Précis de biologie humaine, « Bibl. Scient. int. », P.U.F., 1957.
La création évolutive, Spes, 1957.
La science détruit-elle la religion ?, coll. « Je sais, je crois », Fayard, 1958.
La vie en vol et en plongée, coll. « Sciences d'aujourd'hui », Albin Michel, 1958.
L'être humain selon Teilhard de Chardin, Gabalda, 1959.
Biologie et morale, Mame, 1959.
Le cerveau et la conscience, Ed. du Seuil, 1960.
L'humanisme et la science, Spes, 1961.
L'homme et la physiologie du cerveau. La maîtrise sexuelle. L'équilibre sexuel. Le progrès sexuel, Ed. du Levain, 1960.
Des animaux à l'homme, coll. « Le Psychologue », P.U.F., 1961.
Notre corps, ce mystère, Beauchesne, 1962.
La morale du cerveau, Flammarion, 1962.
Teilhard de Chardin, Témoin de l'amour, Ed. Univ., 1962.
Apprendre à aimer, Fayard, 1963.
L'homme normal, Ed. ouvrières, 1963.

Aux Educateurs de la Volonté par les techniques de réalisation de Soi (culture psychophysique, relaxation, méthode Vittoz, yoga, psychosynthèse, méthode Ramain...), pour le centenaire du Dr Vittoz (1863-1925).

« Avoir conscience d'un acte, ce n'est pas le penser, mais le sentir. »
« Il faut nous mettre tout entier dans ce que nous faisons; c'est le moyen de perfectionner nos moindres actes; pour cela, il faut acquérir l'unité, qui concentre toutes nos forces, au lieu de les gaspiller en pure perte. »

Dr Vittoz. Notes et pensées (Ed. du Levain)

INTRODUCTION

Le latin sans effort, les mathématiques sans peine, le confort généralisé, l'automobile pour faire quelques mètres... : l'homme moderne aime la facilité; il y voit le signe du progrès. Aussi la maîtrise de soi n'est-elle pas en faveur. Au siècle de la science et de la technique, en parler n'est-ce pas une position idéaliste se rattachant à des positions morales périmées ? Qu'un prédicateur, qu'un confesseur nous conseille la maîtrise pour plus de sainteté, nous l'admettons d'autant mieux qu'il s'agit d'un appel à une bonne volonté souvent inefficace. Nous ne comprenons pas en quoi la maîtrise de soi est, en dehors de toute option morale, philosophique ou religieuse, une nécessité hygiénique prudente et sage pour notre vie quotidienne.

Pourquoi vouloir, cet effort crispé qui nous semble si peu naturel, si contraire à l'abandon d'une charmante spontanéité ? D'ailleurs la psychanalyse ne nous a-t-elle pas appris à craindre les refoulements, les complexes source des névroses ? Comment oser exercer une autorité parentale sans craindre de déséquilibrer l'enfant ? Ne vaut-il pas mieux le laisser libre ? La morale n'est-elle pas contrainte déséquilibrante contraire à nos tendances profondes, une nécessité imposée par la vie sociale, mais à laquelle il vaut mieux ne pas trop soumettre les enfants ? Qu'ils profitent de leur jeunesse ! L'idéal n'est-il pas de goûter à toutes « les nourritures terrestres » ? La grandeur merveilleuse et tragique de l'homme n'est-elle pas dans sa liberté absolue puisqu'il n'y a ni bien, ni mal ? Tout est permis aux bien portants. L'essentiel est d'être libre, et pour cela, il suffit d'avoir un cerveau normal. Plus besoin de moraliste. C'est au médecin, au psychologue qu'il convient de guérir les péchés capitaux produits par les troubles hormonaux, et les complexes. Le sujet guéri fera ce qu'il voudra à sa fantaisie.

Pourquoi nous proposer cet effort de maîtrise si pénible, si fatigant, peut-être dangereux ? La vraie maîtrise, nous la trouverons, grâce à la science, chez le pharmacien : pilules pour dormir ou se tenir éveillé à notre volonté, pilules pour se calmer et voir la vie en rose, pilules d'intelligence, pilules de stérilisation pour que la fécondité soit volontaire et responsable. On peut priver de volonté un animal par certains poisons : le chat ou le pigeon de Baruk qui garde les positions les plus invraisemblables où on le place, non qu'il soit paralysé, mais parce qu'il a perdu l'initiative motrice. Ces poisons agissent sur les mécanismes du cerveau; quand nous les connaîtrons dans le détail, ne pourrons-nous faire l'inverse, créer une chimie de la volonté sans effort ? La voilà la solution : le chimiste remplace le moraliste : la sainteté en bouteille. A qui évoque le long effort d'entraînement de l'athlète qui lui permet cette belle aisance apparemment facile et spontanée, si différente de l'inélégante crispation essoufflée du non-entraîné, ne peut-on répondre qu'ici aussi le plus important c'est le doping et la recette technique qui rendent égales dans les étapes de montagne du Tour de France cycliste les chances de tous les coureurs ? Pour améliorer les performances d'une gracieuse jeune fille, il suffit de la droguer à l'hormone mâle !

Comment d'ailleurs reprocher à l'homme moderne de se désintéresser de la maîtrise de soi ? N'est-ce pas là un luxe réservé à ceux qui ont le temps, qui vivent au calme, au fond à des égoïstes à l'écart de la construction du progrès ? Dans sa vie agitée, accablée de responsabilités, l'homme moderne ne peut se permettre le repos. C'est pour lui un devoir d'aller toujours plus vite. Il faut simplement lui donner les moyens de tenir. Pas de sermon, des pilules. Et voilà que cet homme moderne, si bien aidé par la médecine, si soulagé par la technique, s'écroule tué par l'angine de poitrine, l'infarctus du myocarde, l'hypertension artérielle, la rupture d'un ulcère d'estomac... L'ouvrier, l'employé moderne a son travail rationalisé pour lui éviter toute fatigue : plus besoin de se déplacer, toujours le même geste standardisé; il ne resterait plus qu'à intégrer dans la chaîne la satisfaction de ses besoins naturels pour qu'il ne perde plus de temps ! Résultat : rapidité et monotonie le précipitent dans la névrose. Raison de plus de ne pouvoir acquérir la maîtrise de soi quand on est submergé par la fatigue nerveuse. Le fatigué nous supplie de le guérir instantanément, de lui redonner magiquement son équilibre et ses forces. Allons-nous lui répondre par un sermon, lui dire de se maîtriser ? N'est-ce pas plus utile de lui donner un médicament ? C'est ce que nous faisons en pensant que la maîtrise est de l'ordre moral d'un spirituel désincarné. Et le fatigué, de plus en plus épuisé, va de médecin en médecin, du médecin ordinaire qui le repousse comme un nerveux qui s'écoute, un faux malade, au psychiatre qui le traite comme un névrosé, en consommant force tranquillisants qui pourraient jouer un rôle utile dans le cadre d'un effort raisonnable de détente et de repos, mais bien incapables d'être la panacée magique qui suppléera à l'absence de détente et de repos.

Ce dont le monde moderne a besoin, soit pour retrouver son équilibre et sa santé, soit mieux pour ne pas les perdre, c'est précisément de cette maîtrise et de cette volonté qui sont dans les aptitudes du cerveau humain, mais qu'il a une tendance naturelle à fuir parce que cela paraît pénible et qu'une mauvaise interprétation de la psychologie les lui fait encore plus juger inutiles et même dangereuses.

On peut évidemment souhaiter de construire un homme nouveau, dégagé des contraintes biologiques. Dans l'état actuel de la science, c'est une perspective utopique, enfantine et dangereuse. Si le progrès de la science permet de mieux en mieux de guérir des malades, agir sur le bien portant risque de produire plus de monstruosité et de mal que d'amélioration. Ecoutons les sages appels à la prudence de Jean Rostand ou de Aldous Huxley. Non pas ne rien faire, mais n'agir que pour le bien. Or, comment être assuré de n'agir que pour le bien, quand on pense qu'il n'est de connaissance humaine que statistique, celle par exemple des rapports Kinsey, où on refuse toute distinction entre normal et pathologique, toute hiérarchie entre les comportements, toute idée de maîtrise réfléchie.

Pour servir l'homme, l'important n'est pas de savoir *ce que font* les hommes, mais *ce que sont* les hommes et de juger de ce qu'ils devraient faire pour se conformer à ce qu'ils sont. On s'apercevrait alors que le plus fréquent est en réalité le plus anormal, donc le plus déséquilibrant et le plus dangereux, même si préjugés et mauvaises habitudes nous le rendent confortable et agréable.

L'homme d'aujourd'hui ne sait pas ce que c'est que d'être homme. Passionné de technique, il apprend à utiliser la machine et à l'entretenir, mais ce qu'il est lui-même, il n'en sait rien et il utilise son organisme et son cerveau avec un manque de connaissance, de compétence et de sagesse déplorable. En conséquence de l'imprudence des médecins qui, oublieux de la fragilité de l'embryon, n'hésitent pas à bourrer de drogues dangereuses une femme enceinte pour l'empêcher de vomir, en attendant que ce soit l'imprudence des physiciens et des gouvernants qui obtiennent le même résultat avec l'augmentation de la radioactivité naturelle, on a beaucoup discuté des enfants-monstres qu'une monstrueuse charité voulait voir disparaître. Qui est le plus monstrueux : l'enfant présentant des anomalies des membres ou du cerveau, ou l'homme normal incapable de se comporter en homme ? Nous sommes tous des infirmes dénaturés et dans un cercle vicieux nous produisons une civilisation inhumaine qui nous déshumanise un peu plus : c'est bien pour cela que nous préférerions tuer les infirmes que de les aider fraternellement !

Il est très facile au moraliste de protester en disant que c'est la faute d'un manque de spiritualité, le refus d'obéir à la loi de Dieu. Affirmation exacte, mais incomplète parce qu'elle ne vaut que pour le croyant et qu'elle lui présente souvent la morale comme une contrainte surnaturelle s'opposant à ses tendances profondes. Ce dont nous avons besoin c'est de *valeurs communes*, d'une *morale naturelle* fondée objectivement et scientifiquement sur ce qu'est l'homme et ce qui lui convient. Habitués à considérer la morale comme variable et relative aux libres options philosophiques, politiques et religieuses, à nous faire de la tolérance une conception négative, le respect de la vérité du voisin puisque la vérité absolue et certaine ne nous est pas accessible, nous avons beaucoup de mal à concevoir que la connaissance psychobiologique de l'homme puisse donner de précieuses indications valables objectivement pour tous. Nous nous souvenons des tentatives de « morale biologique » qui, toutes, visaient plus ou moins à s'attaquer à la morale pour faire l'éloge du dérèglement sexuel, du racisme, des droits du fort, etc...

Comment serait-il possible que, suivant l'expression de J. Rostand, « la biologie soit passée dans le camp de la vertu » ? Serait-ce parce qu'elle est faussement déviée par des biologistes spiritualistes moralisateurs ? Nullement. C'est que tout simplement il s'est créé une *biologie humaine* qui, dans un esprit de comparaison avec l'animal dans une perspective de progrès évolutif, nous précise en quoi consiste la supériorité de l'homme.

Curieux paradoxe : c'est au moment où les philosophies modernes refusent la métaphysique, les notions d'essence et de nature, que le biologiste se doit de devenir le défenseur de la notion de nature humaine, ce que c'est que d'être un *Homo sapiens*. Ceci n'est étonnant que parce que nous ne comprenons rien au système de « l'animal spirituel », sombrant dans des déviations excessives : ou nous minimisons l'esprit devenu produit d'une matière spiritualisante parce que déspiritualisée, ou nous minimisons la matière considérée comme une mécanique actionnée de l'extérieur par l'esprit. Nous considérons l'esprit et la matière, ces deux concepts par lesquels l'abstraction philosophique explique le réel, comme ayant une existence propre indépendante en ce monde matériel d'ici-bas, nous les chosifons en un dualisme outré, matérialiste (la matière et son produit spirituel) ou spiritualiste (la machine et son conducteur) qui nie l'unité du réel où matière et esprit sont indissociables à moins de détruire l'être dont ils sont formés. L'homme n'a pas un corps et une âme, il est ici-bas une *unité psychosomatique*, un corps vivant animé capable de vivre, d'agir, de penser, de réfléchir, grâce à son cerveau. Non pas un cerveau animal actionné par une âme humaine, mais un cerveau spécifiquement humain dont la surcomplexité conditionne la spiritualité humaine [1]. Dès lors, sans totalitarisme et sans prendre nullement la place du psychosociologue, du moraliste et du métaphysicien, le neurophysiologiste qui va jusqu'au bout de sa tâche peut nous préciser qu'être homme c'est utiliser convenablement les possibilités du cerveau humain en nous disant en quoi ceci consiste.

Il n'en résultera pas qu'il deviendra miraculeusement facile d'être homme; bien au contraire, la neurophysiologie nous précise combien est délicat et difficile ce maniement du cerveau, non que la machine soit rétive au pilote, mais parce que le pilote ne fait qu'un avec sa machine et que l'être au monde de la personne humaine, si transcendante et indépendante soit-elle, ne se réalise que dans l'immanence de l'insertion et de l'émergence aux structures cérébrales.

Le plus gros préjugé de notre époque porte sur le naturel humain, la spontanéité humaine. Le naturel serait le facile, le laisser-aller, l'abandon animal aux instincts, le refus de l'effort et de la réflexion. Or, bien au contraire l'homme n'est naturel que dans la difficile maîtrise de soi au service d'une conduite que sa réflexion lui a montrée pleinement valable sur le plan individuel et social en référence à ce qu'est l'homme. Il n'y a pas à opposer le naturel au technique, à les alterner, à refuser l'un ou l'autre dans un esprit conservateur ou progressiste, il faut utiliser la technique au service de la nature humaine pour nous aider à être plus et mieux homme et non pour nous permettre de l'être moins en en minimisant les inconvénients. Considérer l'esprit naturaliste comme minimisant le spirituel, c'est s'en tenir à une conception périmée et aujour-

---

[1] Nous avons montré dans *Notre corps, ce mystère*, Bauchesne, comment ceci est compatible avec une métaphysique spiritualiste authentique.

d'hui définitivement antiscientifique des sciences naturelles, refuser la biologie humaine en privant l'homme de son cerveau, ne pas accepter le sens de la complexification évolutive qui donne sa vraie signification à la série animale.

Il ne s'agit donc plus de prêcher la maîtrise de soi et la volonté, mais de montrer leur nécessité psychologique humaine en tant que technique de la *réalisation de soi*. Penser qu'on pourra remédier aux déséquilibres du monde moderne et à la fatigue nerveuse par des médicaments est une illusion dangereuse. Cette fatigue vient nous rappeler que nous sommes des hommes et que nous avons des règles d'hygiène à observer, des organes et surtout un système nerveux à respecter en l'utilisant sagement, correctement. Le dilemme est là : ou mourir de surmenage, en devenir fou ou se connaître et se conformer à ce qu'on est.

Coûteuse aventure que ce pas de la réflexion franchi par l'organisme animal en accédant organiquement à l'humain. L'animal au cerveau insuffisant dispose d'une sagesse automatique, celle des instincts. Incapable de réfléchir, il n'en a pas besoin. Il n'a qu'à suivre les impulsions que sa chimie sanguine déclenche dans la base de son cerveau pour satisfaire correctement ses besoins en accord avec ses mœurs spécifiques, sa nature animale. Rien de moins libre et spontané que le comportement animal. Quelle illusion que celle de ceux qui envient l'animal dont la sexualité peut se déchaîner sans contraintes. La sexualité animale n'est en rien libre, parce que l'animal n'est pas libre : elle est enchaînée aux mœurs spécifiques. Ce qui la limite ce n'est pas la volonté ou la morale, mais d'autres automatismes instinctifs : aucune maîtrise chez l'insecte social de caste ouvrière, mais une stérilisation biologique d'origine alimentaire; aucune maîtrise chez le coq de rang inférieur, mais un tabou social qui lui interdit tout exercice de sa sexualité, bien qu'elle soit normale, parce qu'aucune poule n'est disponible pour lui.

L'homme seul peut être libre car le progrès de sa cérébralisation a transféré au cerveau supérieur les fonctions du cerveau instinctif animal : l'homme a toujours des besoins, des pulsions, mais il ne trouve pas en lui les automatismes de comportement permettant de les satisfaire correctement. Il peut à volonté déclencher ses besoins ou les refréner. Mais pour être vraiment libre, il faut que sa conduite repose sur une décision réfléchie. Le plus souvent, il est donc aussi peu libre que l'animal, car ce qu'il prend pour une spontanéité humaine n'est que l'obéissance aveugle, le conformisme à des usages sociaux, des habitudes qu'il prend pour un infaillible et incoercible instinct. Nous nous figurons être des anges essayant désespérément de faire obéir des animaux, d'où le déséquilibrant conflit entre la morale et ce que nous prenons pour notre nature, la volonté et l'instinct. Or, comme nous ne sommes en rien animaux, nous n'avons pas en nous de corrects instincts auxquels il serait bon d'obéir. L'homme ne peut s'animaliser, il ne peut que se déshumaniser si au lieu de vouloir ce qui convient, il obéit à de mauvaises habitudes. Au lieu de cette difficile maîtrise de soi, aptitude humaine qui seule permet à l'homme d'être homme, ce devoir et ce fardeau qui sont notre dignité, nous cherchons à rendre sans danger nos ignorances et nos préjugés par des moyens artificiels de défense, des techniques de préservation. En voulant nous défendre contre ce que nous prenons pour les faiblesses de notre nature et qui tiennent à nos tentations permanentes de dénaturation, de fixation à un niveau inférieur et incomplet de nature, nous confondons avec la norme cette dénaturation et nous l'aggravons un peu plus par les recettes rendant plus inutile encore la vraie maîtrise.

Qui comprend aujourd'hui la condamnation portée par les moralistes catholiques aux procédés artificiels de réduction de la fécondité dits contraceptifs, un mot que précisément l'usage tend à étendre abusivement à tous les procédés de régulation des naissances sans distinction d'artifice et de naturel ? Si nous avons des raisons légitimes de restreindre la natalité, pourquoi ne pas utiliser tout ce que permet la technique moderne en visant surtout l'efficacité ? En quoi certains procédés seraient-ils immoraux ? On ne voit pas la différence essentielle entre se défendre contre une sexualité non maîtrisable et être maître à volonté de sa sexualité, ce qui est la seule vraie sexualité humaine.

Cette querelle entre le naturel et l'artificiel nous semble déboucher sur le conflit entre l'esprit conservateur de qui regrette le bon vieux temps, refuse la technique moderne et pousse le culte de la nature primitive jusqu'au naturisme, et l'esprit moderne de progrès avide d'un homme nouveau de plus en plus libéré par la technique. En fait, il ne s'agit pas de revenir au passé, de tomber dans les excès de naturisme, mais pas davantage, il ne faut idolâtrer la technique et baptiser tout changement progrès. La technique pour être libératrice ne doit pas remédier à l'absence de maîtrise en nous donnant une pseudo-maîtrise déséquilibrante, mais doit être au service de la vraie maîtrise.

Le problème est général et dépasse de beaucoup la contraception. Quoi de plus naturel que la douleur de l'accouchement vu les contractures et dilatations ? Quoi de plus heureux que l'anesthésie générale qui permet de la supprimer ? La question est tranchée par la technique ? Et puis, on s'aperçoit que la douleur de l'accouchement est, en fait, un préjugé social aggravé par l'accroissement de sensibilité et de nervosité modernes : une femme passive et terrorisée qui s'attend depuis toujours à souffrir est forcée de souffrir. Au lieu d'accroître sa passivité en l'endormant par des substances toxiques pour elle et l'enfant, n'est-il pas mieux de la rassurer, de lui apprendre à utiliser son cerveau pour mettre volontairement et correctement son enfant au monde et ainsi, en vertu des lois du cerveau, de rendre l'accouchement sans crainte et sans douleur, en laissant l'anesthésie aux accouchements anormaux ? On sait la résistance qu'il a fallu vaincre pour que triomphe la méthode pavlovienne d'accouchement sans douleur parce que, méthode de maîtrise de soi, elle est contraire aux tendances du monde actuel.

Si c'est la femme qui accouche, il faut faire de l'accouchement un acte conjugal auquel participe le mari — une évidente nécessité inaperçue des techniciens. C'est sans enthousiasme que le mari participe aux exercices qui permettront à sa femme d'accoucher sans douleur. Il n'aura jamais à accoucher, lui ! Si on faisait comprendre aux deux conjoints que ce qui sert à prévenir la douleur de l'accouchement est précisément une éducation cérébrale de la maîtrise de soi, de la vraie volonté humaine, utile pour une vie équilibrée, ils s'apercevraient que c'est précisément ce dont ils ont un urgent besoin, cette relaxation qui guérit et prévient la fatigue nerveuse. L'homme moderne qui se veut plus libre, pour ne pas être esclave des besoins biologiques ou des drogues doit apprendre la maîtrise cérébrale de soi qui lui permet prudemment et hygiéniquement de se conduire en homme. Vraie maîtrise du repos, du sommeil, comme de la sexualité. Toujours et partout, ne pas remédier à notre dénaturation par les préjugés ni par une fausse technique un peu plus dénaturante, mais développer en nous les ressources de notre nature, cette maîtrise, source de bonheur, de joie, de paix intérieure qui est la marque de l'authentique spontanéité humaine et qui est l'inverse de la crispation dans l'effort de celui qui veut sans avoir appris à vouloir.

Vouloir ne pas être malade, quoi de plus utopique ? Il n'est pas en notre pouvoir de ne pas rencontrer le bacille tuberculeux ou de ne pas être sensible à un pollen source d'allergie. Les recherches modernes, sans aucunement nier cet aspect objectif de la maladie, en découvrent de plus en plus tout aussi scientifiquement l'aspect subjectif. Il est en notre pouvoir de mener une vie hygiénique, de ne pas nous épuiser, ce qui ouvre la porte à toutes les maladies et rend la guérison difficile. On opposait autrefois les vraies malades et les nerveux, comme si un déséquilibre nerveux n'était pas une vraie maladie. Hystérie, troubles psycho-somatiques sont des maladies de la volonté, le fait que les complexes et les refoulements inconscients produisent des désordres sur lesquels la volonté est impuissante. Il ne s'agit pas d'abord de rééduquer la volonté, mais en guérissant la névrose de restaurer l'aptitude à vouloir. Les névroses peuvent conduire à une fuite dans la maladie : la tuberculose peut être la dangereuse solution d'un conflit psychologique, la sensibilité au microbe dépendant d'un trouble nerveux : on ne pourra en guérir que si on traite aussi le terrain psychologique.

L'homme apte à vouloir a besoin d'apprendre correctement à vouloir : telle est la condition humaine. Vouloir ne va pas de soi. L'absence de maîtrise de soi est terriblement dangereuse pour l'équilibre et la santé maintenant que nous ne sommes plus encadrés par une société stable, mais tout aussi dangereuse est la fausse maîtrise de qui n'a pas appris à vouloir correctement. Inversement le retour à l'équilibre dépend de la maîtrise de soi, ce qui précisément est difficile au déséquilibré d'autant plus que son déséquilibre est la preuve qu'il était préalablement sans maîtrise. Aussi ne faut-il pas désespérément essayer de vouloir, mais rétablir le calme qui permettra d'apprendre à vouloir.

Tout repose sur l'éducation de la volonté, mais malheureusement nous n'avons retenu que la moitié du message de la psychanalyse quand elle nous dit de prendre garde à l'excès de contrainte autoritaire qui risque de causer des complexes névrosants. Nous en concluons qu'il ne faut plus d'autorité, oubliant que ce n'est pas la vraie morale qui déséquilibre, mais le légalisme moralisateur qui impose des contraintes incomprises. Un enfant sera certes déséquilibré par un dressage autoritaire qui s'oppose à ses tendances, mais il le sera tout autant si on ne fait pas de lui un homme, c'est-à-dire si on ne lui apprend pas la vraie maîtrise de soi en lui proposant un effort proportionné à ses forces, dont on lui fait comprendre la nécessité et la valeur. Pas d'homme équilibré sans effort et difficile ascèse. C'est contraire aux tendances du monde moderne, mais le monde moderne en meurt. Il n'y a pas que les refoulements, il y a les sublimations, la prise en charge des dynamismes inférieurs par les dynamismes supérieurs.

Nous ne méditerons jamais assez cet exemple de l'accouchement sans douleur, où s'unissent merveilleusement la théorie et la pratique. Aller dire à une femme qui va souffrir ou souffre : c'est une question de volonté : ce serait insensé. Ce n'est pas en voulant ne pas souffrir que la femme ne souffrira pas. Mais c'est en apprenant une maîtrise de soi qui lui permettra de vouloir, de savoir, accoucher correctement. Comment y arriver ? Pas uniquement en prescrivant des exercices, mais en apprenant à la femme le fonctionnement de son cerveau. On sait comment l'origine soviétique de la méthode l'a au début, par préjugé, restreinte aux femmes de milieu populaire. C'est à ces femmes sans culture scientifique qu'on a proposé des cours de vulgarisation scientifique qui ont réussi à les transformer. Quelle belle utopie, pourrait-on dire; or cette utopie a réussi : la culture biologique, la connaissance de soi est la source de la maîtrise de soi. Quand comprendrons-nous que l'accouchement n'est ici qu'un cas particulier ?

C'est dans cet esprit d'une théorie au service de la pratique que nous avons écrit ce livre. La volonté, on peut l'envisager d'un point de vue purement scientifique; on peut aussi lui donner des recettes pour vouloir. Mais ces recettes ne seront pleinement efficaces que si nous en comprenons la valeur, la nécessité. Il faut donc d'abord sortir du préjugé que nous savons ce que c'est que vouloir. Pouvoir vouloir, savoir vouloir ne dépend pas d'une simple connaissance psychologique de la volonté ni de celle du sens commun, ni même de son analyse scientifique : cela repose avant tout sur la connaissance des mécanismes cérébraux de la volonté. Si l'homme n'est pas un ange qui essaie de faire obéir un animal sans y réussir, c'est qu'en l'homme il n'y a pas de coupure : rien n'est angélique et rien n'est animal, tout est humain et l'organe où se conditionne et se matérialise, se réalise, le spirituel c'est le cerveau, organe du corps où l'esprit inséré dans la matière a le pouvoir de commander le reste du corps. La volonté est une fonction cérébrale et on ne saurait vouloir correctement sans en connaître les conditions d'exercice. Certes, il ne s'agit pas de totalitarisme biologique : le neurophysiologiste laisse au psychosociologue, au philosophe leur domaine : il n'a rien à dire sur ce qu'est en elle-même la volonté. Ce qu'il apporte, et qui est nouveau et encore bien mal connu, c'est l'aspect incarné de la volonté, comment le moi commande la machine, non de l'extérieur, mais parce qu'il fait partie lui-même de la machine.

Précisant la neurophysiologie de la volonté par l'étude des propriétés spécifiques du cerveau humain, nous aboutirons à justifier scientifiquement l'intuition de nombreux empiriques qui se sont efforcés ésotériquement d'entraîner l'homme à la maîtrise de soi. Le moment est venu de sortir de l'empirisme, qui risque de provoquer des erreurs, et de créer *une science de la maîtrise de soi,* non pas pour l'imposer à l'usager sans effort, mais pour que l'usager sache se l'imposer, orienter correctement ses efforts. Scientifiques et moralistes s'entendent souvent pour mépriser les efforts empiriques, alors que ces efforts sont la seule tentative efficace pour aider l'homme moderne à retrouver vraiment son équilibre. Le scientifique et le médecin doivent comprendre qu'une science analytique qui au nom d'une objectivité dite positive se refuse à connaître tout l'homme dans son aspect synthétique est une science, une médecine incomplètes et donc dangereuses : c'est une science, une médecine qui ignorent l'essentiel, le cerveau humain organe du psychisme et des relations sociales humaines. Le moraliste doit savoir qu'une morale désincarnée qui ne s'occupe pas des conditions matérielles de sa réalisation est un légalisme pharisien déséquilibrant. Si les malades ont besoin de médecins, si les pécheurs ont besoin de confesseurs, l'homme normal, si ignorant de ce qu'il est et de ce qu'il doit faire, a surtout besoin de *conseillers d'humanisation* qui ne soient pas seulement des psycho-sociologues, mais des éducateurs du cerveau. Non le lavage passif de cerveau par suggestion, mais l'apprentissage des conditions correctes d'utilisation du cerveau pour être un homme véritable.

Qu'est-ce que vouloir ? Réfléchissons-y un peu avant de nous demander au cours de ce livre comment vouloir, étant donné ce qu'est notre cerveau qui nous assure les possibilités d'exercer matériellement cette capacité spirituelle d'un autre ordre que la matière où elle se manifeste. Usuellement, c'est la « faculté de se déterminer librement à certains actes ». Le *Vocabulaire de la psychologie*, sous la plume de H. Piéron, nous précise : « Un acte, une attitude sont dits volontaires dans la mesure où ils s'intègrent dans le comportement d'une personnalité que contrôle le jeu normal des fonctions corticales. Ils s'opposent aux réflexes stéréotypés, aux automatismes lorsque ceux-ci échappent au contrôle, aux réactions et inhibitions affectives de caractère impulsif. Le domaine du volontaire, réifié sous le nom de volonté dans le langage populaire adopté par la psychologie primitive des facultés, est à peu près exclusivement limité au domaine du système nerveux de la vie de relation, au jeu des muscles striés; les fonctions végétatives lui échappent, à l'exception de la fonction motrice de la respiration; quelques cas anormaux de capacité de contrôle volontaire de certaines de ces fonctions ont toutefois été observés. Dans un sens plus étroit, ajoute l'auteur, une activité ou une inhibition est considérée comme volontaire dans la mesure où elle est précédée d'une élaboration mentale anticipatrice. De ce chef il est envisagé des degrés dans ce caractère volontaire, en fonction de la part prise par cette élaboration, avec passage, dans la conception populaire, à une signification morale, faisant place à une hiérarchie des valeurs intervenant dans la décision qui précède toute exécution ou tout arrêt d'activité.

C'est encore un trait de caractère que l'on entend désigner, une capacité de décision ferme surmontant les obstacles, trait bipolaire dont l'un des extrêmes est représenté par l'aboulie. Une nuance fait distinguer celui qui a de la volonté, doué d'un fort contrôle de soi-même, surmontant les obstacles venant de lui, tels que fatigue ou douleur, et le volontaire qui tend à imposer des décisions, à opposer sa volonté aux volontés des autres. »

Nous nous représentons beaucoup trop la volonté sous l'aspect limite de l'acte ou de la maîtrise motrice dite volontaire. L'intérêt d'une psychophysiologie complète de la volonté est précisément de minimiser le rôle de la motricité qui n'est que mécanisme d'exécution et d'insister sur la prise en charge de la motricité cérébrale par la conscience réfléchie. Vouloir agir c'est d'abord vouloir penser et pour vouloir penser, il faut vouloir sentir, connaître la situation actuelle, s'aider de l'imagination qui évoque le passé et envisager l'avenir. Pour bien vouloir, il ne suffit donc pas de s'efforcer de vouloir au sens moteur, déclencher un acte ou s'y opposer, mais il faut penser correctement avec une conscience claire ce qui ne va pas de soi, mais exige toute une éducation qui, avant d'être une éducation de la volonté motrice est un art de penser et de réfléchir correctement pour, avec lucidité, exercer une maîtrise générale de soi. Bien vouloir, c'est d'abord savoir se maintenir dans les bonnes conditions d'équilibre cérébral qui conservent l'aptitude à la maîtrise de soi, une aptitude que comporte le cerveau humain, mais qui ne se réalise que par une éducation visant à la développer.

Mais la volonté humaine correcte qui prouve notre libre-arbitre doit être au service de sa défense : vouloir ne doit pas aboutir à nous mettre dans une situation où nous ne pourrons plus vouloir, où notre liberté sera totalement aliénée. Nous devons vouloir avec sagesse et prudence. Nous verrons ainsi, contrairement à ce qu'affirme la philosophie existentialiste, que notre liberté n'est pas absurde parce que sans limites. Il n'y a pas de volonté humaine correcte qui ne soit au service de l'authentique et du vrai. Mal vouloir n'est pas vouloir. L'homme n'a une bonne volonté humaine que s'il le veut bien. La psychophysiologie confirme de plus en plus objectivement la morale en lui donnant une base scientifique ancrée dans la nature psycho-biologique de l'homme et en faisant ainsi une valeur commune quelles que soient les positions philosophiques ou religieuses, une morale biologique de préservation et de promotion de l'homme et de l'humanité. Comme l'écrit Grenet, « la volonté n'est pas une force qui résiste ou qui brise, sauf dans les cas où elle rencontre en face d'elle une impulsion qui la contrarie; de soi, et par nature, elle est, positivement et essentiellement l'appétit du bien ». Ici encore la neurophysiologie moderne est éclairante en nous montrant qu'il est impossible de séparer en l'homme l'affectif et le rationnel : une vraie volonté humaine a toujours un aspect affectif, est liée à une satisfaction, un désir. Il faut vouloir ce qui est aimable, il faut aimer vouloir. Mais nos désirs sont trompeurs et notre appétit du bien nous conduit souvent dans le mal. L'objectivité scientifique n'est plus ici de refuser de prendre position, mais de développer une « morale du cerveau », où le bon jugement, nous révélant le vrai bien, nous permettra de nous comporter en homme véritable en conservant notre équilibre, — un problème d'hygiène mentale —.

C'est donc finalement tout l'homme et tous les problèmes humains qui doivent être abordés sous un aspect partiel, mais essentiel, si on veut pousser jusqu'au bout la psychophysiologie de la volonté. C'est ce que nous voulons tenter ici en précisant d'abord les mécanismes cérébraux du vouloir humain que l'insuffisance du cerveau animal ne permet pas [2], ce qui conduit à fixer les limites et les conditions de la volonté. Nous verrons alors comment pour vouloir, il faut apprendre à vouloir afin d'être un vrai adulte et comment la civilisation consiste à mieux vouloir. Pourquoi vouloir ? Pour humaniser, pour libérer et ne pas baptiser spontanéité l'abandon aux automatismes irréfléchis. Nous évoquerons quelques aspects pratiques d'éducation psychophysique de la volonté et nous terminerons en développant dans l'esprit de Teilhard de Chardin les rapports de la volonté et de l'amour.

[2] Pour plus de détails sur le cerveau humain, voir Morin, *Physiologie du système nerveux central.* Masson et nos ouvrages : *Le cerveau et la conscience,* Ed. du Seuil. *La morale du cerveau,* Flammarion.

CHAPITRE I

LE CERVEAU,
ORGANE DE LA VOLONTE

Volonté et cerveau.

Que la volonté dépende du cerveau, exige un fonctionnement cérébral correct, c'est une évidence. Il n'est pas possible de vouloir si le cerveau ne fonctionne pas, dans l'inconscience du coma. Pas de vraie volonté quand le cerveau est submergé par le sommeil, même au cours du rêve, et même si celui-ci comporte une activité motrice de type somnambulique. Montons en altitude sans masque à oxygène, la diminution de la pression ne permet pas au cerveau de recevoir l'oxygène suffisant : avant de sombrer dans l'inconscience, on passe par une aboulie heureuse, où on est incapable de faire l'effort sauveur de mettre l'inhalateur à oxygène, d'autant plus que le sentiment du danger a disparu dans l'obscurcissement de la lucidité. C'est l'expérience des malheureux passagers du ballon Le Zénith dont Sully-Prudhomme chanta l'aventure, une expérience qu'on fait aujourd'hui éprouver en caisson à dépression aux futurs aviateurs afin de les convaincre de ne jamais oublier d'utiliser préventivement les moyens de défense.

Mais quels sont les rapports du cerveau et de la volonté ? Si on consent à sortir de l'affirmation désabusée qu'il s'agit d'un aspect de l'insoluble mystère du rapport entre le psychologique et le physiologique, on hésite en général entre deux solutions, dont nous allons avoir à montrer la fausseté et la nocivité. Pour les uns, le cerveau ne serait qu'une mécanique, un appareil au service d'une volonté spirituelle extérieure, ce qui minimise grandement l'importance du cerveau et soulève l'insoluble (parce que faux) problème des rapports de l'âme et du corps. Grande est la tentation des idéalistes qui professent une telle opinion de confiner l'animal dépourvu d'âme dans la pure mécanique et de lui dénier, contrairement à tout bon sens, toute possibilité de volonté.

Mais si les idéalistes mécanisent le corps, c'est bien souvent que leurs adversaires matérialistes sont eux aussi mécanistes : simplement pour eux l'homme comme l'animal n'est que mécanique. La volonté ne serait que prise de conscience d'un phénomène localisé dans le cerveau. Dans ces conditions, ou elle est une illusion, ou elle est une réalité matérielle dont nous pourrons être maîtres : on rêve de pilules donnant une volonté sans effort ou d'un automate artificiel doué d'une vraie volonté et d'une vraie conscience.

En fait ces deux opinions devraient nous apparaître comme totalement périmées à cause des progrès de la neurophysiologie du cerveau humain. Il est tout à fait exact qu'on ne saurait localiser la volonté dans un neurone, mais ce n'est aucunement la preuve qu'il s'agit d'un facteur purement spirituel actionnant la mécanique. Il est non moins exact que la volonté, cette commande subjective du corps par un moi responsable, apparaît philosophiquement d'un autre ordre; mais cela n'implique nullement l'inexistence de conditions cérébrales de la volonté.

La psychologie gestaltiste a eu tout à fait raison de nous dire que l'essentiel n'était pas dans l'aspect analytique du fonctionnement cérébral, l'aiguillage des influx au gré des excitations et inhibitions cérébrales assurant les circuits des réflexes conditionnés, mais dans l'aspect synthétique. Son erreur a été, devant une neurophysiologie analytique qui oubliait la synthèse, de penser que la synthèse échappait à la neurophysiologie, qu'elle était entièrement d'un autre ordre. Mais aujourd'hui, de par ses progrès, la neurophysiologie découvre, de son point de vue, l'aspect synthétique du fonctionnement cérébral. Il se constitue une neurophysiologie de la conscience et c'est sur cette neurophysiologie de la conscience que se fonde la neurophysiologie de la volonté. Le neurophysiologiste a définitivement renoncé à sortir de son domaine et il n'a nulle intention de totalitarisme. Il ne lui appartient pas de connaître en elle-même la volonté, ni dans sa phénoménologie psychologique, ni dans sa métaphysique, mais il lui est possible de préciser dans quelle mesure la volonté est aussi, est d'abord, un processus cérébral.

Le domaine volontaire.

Nous qualifions de volontaires certains de nos actes qui concernent notre vie de relation et s'exécutent grâce à la contraction de nos muscles striés *squelettiques*, dit volontaires. Effectivement, la considérable activité notrice de nos viscères est un automatisme qui s'exécute à notre insu et sur lequel la volonté est sans prise. La différence ne tient pas à la nature différente des muscles viscéraux et des muscles squelettiques, car il existe une activité *réflexe* automatique inconsciente et involontaire de la vie de relation, l'activité élémentaire et limitée qui dépend de la moelle épinière, mais aussi ces réflexes complexes de comportement dont les enchaînements sont la base des manifestations instinctives au service du maintien de la vie et de l'espèce. Ce n'est pas sur l'harmonie, apparemment intelligente et finalisée, d'un acte qu'il faut accorder le qualificatif de volontaire. Quelle plus belle apparence de volonté lucide que l'acte automatique d'une grenouille sans cerveau qui essuie avec une patte l'acide déposé sur l'autre. On admire la volonté de combat du rouge-gorge mâle qui s'attaque courageusement à son rival et on s'étonne de l'apparente stupidité qui le fait négliger ce même rival dépouillé de ses plumes rouges et se battre férocement avec ces plumes mises au bout d'un bâton : il n'est pas plus stupide dans un cas qu'intelligent dans l'autre. Il ne voulait rien : un automatisme incoercible l'oblige à l'attaque quand, en activité sexuelle, il voit des plumes rouges; mais normalement les plumes sont sur le rival. Un tel comportement ne nécessite pas l'intervention du cerveau supérieur, siège de la conscience et de la volonté; il dépend des centres instinctifs de la base du cerveau (*hypothalamus*) et du cerveau primitif (ou *rhinencéphale*). La sagesse automatique de l'instinct n'est que l'aspect supérieur de cette sagesse du corps qui par autorégulation maintient constante la composition du milieu intérieur. Alors qu'un malade en insuffisance surrénale ne pourra se guérir que si, conscient de son mal, il décide d'aller voir le spécialiste qui lui prescrira le traitement voulu, rien de conscient et de volontaire dans le choix délibéré que fait le rat surrénalectomisé de l'eau salée qui le sauvera : le trouble du milieu intérieur a sensibilisé au sel ses centres instinctifs et il est obligé de choisir l'eau salée devenue besoin pour lui.

La volonté comme la conscience impliquent donc l'entrée en jeu des centres supérieurs du comportement, c'est-à-dire chez les Mammifères (dont l'homme) l'écorce cérébrale. On sait que dans l'écorce cérébrale siègent, dans la circonvolution frontale ascendante, les *neurones pyramidaux psychomoteurs* actionnant les neurones moteurs périphériques du côté opposé. On les qualifie de volontaires et la tentation a pu être grande d'y faire siéger la volonté. Il n'en est rien. En neurochirurgie, dans les conditions usuelles et favorables d'opération sur le malade éveillé, les mouvements déclenchés par excitation électrique de cette zone sont interprétés comme des impulsions non voulues.

Comme les muscles, les neurones psychomoteurs sont des rouages qui peuvent être au service de la volonté, mais dont le fonctionnement n'est volontaire que dans certaines conditions. Contrairement à ce qu'on avait cru, l'absence de commande volontaire dans le domaine viscéral ne tient pas à l'inexistence de neurones moteurs viscéraux dans l'écorce cérébrale. L'excitation électrique de l'écorce révèle leur présence comme la possibilité de créer des réflexes conditionnés corticoviscéraux, apanage de l'écorce, en dehors donc du domaine conscient et volontaire. C'est simplement que, peu nombreux et lents, ces neurones sont à part du fonctionnement d'ensemble. Mais, même dans le domaine de la vie de relation, la plupart des mouvements cérébraux sont des habitudes où n'intervient pas la volonté : nous en sommes conscients si nous y prêtons attention, mais nous n'intervenons pas volontairement dans leur déclenchement. Cela vaut souvent mieux, car la volonté réussit moins que l'automatisme et la légende nous dit que le mille-pattes, interrogé sur la façon dont il s'y prenait pour marcher, n'y parvenait plus.

Même si nous voulons un acte, le plus souvent notre volonté consiste simplement à déclencher un automatisme : nous ne réfléchissons pas à tous les éléments, nous ne voulons pas tous les détails d'un geste que nous savons.

S'il est donc exact qu'il n'est pas possible d'exécuter un acte voulu sans activation des neurones moteurs cérébraux, et par eux des muscles, il ne suffit pas de cette activation pour que l'acte soit voulu. Il faut que l'activation motrice soit *commandée par le moi*. Il ne faut pas seulement que nous soyons conscients et attentifs au mouvement, mais que nous mettions notre conscience et notre attention à déclencher le mouvement. Loin que l'acte volontaire soit fréquent, il est rare, puisque nécessitant une réflexion, une prise de conscience *de ce qui nous convient*. Mais la réflexion ne suffit pas, il faut qu'elle se traduise activement, une activité qui n'est pas uniquement positive, le mouvement, mais aussi négative, la possibilité de se refuser d'agir, de maîtriser une impulsion. Avant de vouloir agir ou se retenir, il faut *vouloir réfléchir*, c'est-à-dire appliquer sa prise de conscience à la situation. Le vouloir dépasse donc de beaucoup la simple activité motrice et concerne tout le fonctionnement cérébral. Nous sommes vaguement conscients de ce qui se passe autour de nous, un phénomène insolite peut attirer malgré nous notre attention, mais nous ne sommes pleinement conscients que si nous le voulons. Une attention passive et automatique suffit pour entendre ou voir; il faut vouloir écouter ou regarder. Nous pensons sans arrêt, mais il est rare que notre pensée soit une attention voulue et sans distraction.

Vouloir c'est ainsi donner à toute conduite humaine sa pleine dimension de libre engagement de la personne. On est aussi loin du recours à une mystérieuse faculté que du simple rouage nerveux. Mais ceci concerne la neurophysiologie car le cerveau apparaît comme *l'organe de la personnalisation*, de la liberté, l'organe du vrai et du bon vouloir.

Que faut-il pour vouloir ? Il faut savoir réfléchir, penser, sentir, agir. Loin que cette fonction naturelle du cerveau aille de soi, elle exige un difficile entraînement et c'est pour cela que l'aptitude à vouloir de tous les hommes normaux reste le plus souvent une virtualité inutilisée, car *n'ayant pas appris à vouloir, nous ne savons pas vouloir.* Nous prenons pour de la volonté une crispation dans l'effort contraire à la facile spontanéité, quand ce n'est pas le laisser-aller à des impulsions que nous justifions plus ou moins consciemment et sincèrement. C'est que nous vivons sur le préjugé que vouloir c'est d'abord agir, se lancer avec énergie dans l'affrontement avec une pensée ou son refus, un acte ou sa maîtrise. Or, vouloir a pour condition première de sentir et comprendre avec lucidité et demande ainsi un surcroît de conscience, de présence attentive et réfléchie. Ce n'est pas la rigidité brutale, mais la souplesse sage et prudente.

Sensibilité musculaire et harmonie du geste.

Il n'y a rien dans l'intelligence qui ne vienne des sens : ce vieil adage de la philosophie réaliste est pleinement confirmé par la neurophysiologie. Privé des messages activateurs des sens, le cerveau inhibe son fonctionnement et sombre dans le sommeil. Une neurophysiologie de la volonté doit donc insister sur l'importance de *l'information sensorielle* qui est à l'origine de la précision du geste comme de toute l'harmonie du fonctionnement cérébral, condition de la pensée. Mais ce n'est pas seulement pour la commande volontaire que les sens sont importants. Nous allons voir que c'est grâce à eux que se forme un moi cérébral susceptible de prendre en charge la conduite. Les sens ne nous renseignent pas seulement sur le monde extérieur ou le degré de contraction de nos muscles : ils nous permettent de prendre conscience de nous-même.

Si importantes que soient les structures cérébrales, elles ne sont qu'une possibilité qu'il faut apprendre à utiliser, ce qui dépend d'une *régulation* harmonieuse du fonctionnement. Pas de volonté correcte si le cerveau ne fonctionne pas bien. La mise en évidence par la neurophysiologie moderne d'une fonction d'autorégulation harmonisatrice du fonctionnement nerveux dépendant de centres situés dans la base du cerveau prend de plus en plus d'importance : il ne s'agit pas simplement de vouloir ou de savoir quoi vouloir; il s'agit d'*être en état de vouloir*, c'est-à-dire de pouvoir et savoir utiliser toute notre mécanique cérébrale. Nous verrons en effet que le plus gros obstacle à la volonté, c'est cette impossibilité de maîtrise d'un cerveau que par imprudence et ignorance nous avons déséquilibré. Pour vouloir, il n'y a certes pas nécessité d'être neurophysiologiste, mais il est important de justifier scientifiquement et objectivement au nom de la neurophysiologie, en les précisant, les indications de la sagesse traditionnelle.

La mécanique cérébrale au service de la volonté est d'une extrême complexité. Tout geste fait intervenir la commande de nombreux muscles : il n'y a pas seulement activation des muscles nécessaires au mouvement dits *synergiques*; il y a aussi freinage, inhibition, des muscles à action inverse dits *antagonistes*. C'est que, sur le sujet éveillé, les muscles ne sont pas au repos, même dans l'immobilité totale : ils sont toujours dans un certain degré de tension, une sorte de contracture dite *tonus musculaire* qui nous permet de fixer nos articulations et de garder une position, ce qui précisément manque dans le sommeil, où ce tonus disparaît pour la plus grande part. Pas d'harmonie du geste sans régulation adaptée du tonus : les antagonistes ne doivent pas trop résister, ce qui empêcherait le mouvement; ils ne doivent pas être trop relâchés sans quoi le mouvement serait excessif. Agir comporte donc, non uniquement le lancement par le cerveau de messages moteurs vers certains muscles, mais d'abord l'établissement d'une répartition harmonieuse du tonus, accru ici, diminué là. On s'aperçoit de l'importance de cette régulation quand un état pathologique des centres nerveux vient la perturber, qu'il s'agisse de l'ivresse où l'incoordination motrice a une telle origine ou des maladies du cervelet, le centre régulateur de précision de ce tonus. Le malade du cervelet a des mouvements dysharmonieux, saccadés, n'atteignant pas leur but avec précision; il ne peut faire des mouvements suivis comme les marionnettes (*adiadococinésie*).

L'exécution correcte d'un mouvement volontaire demande donc toute une harmonie *préétablie*. Cette harmonie repose sur une autorégulation par les messages des sens. Si, sur le sujet normal, un muscle n'est jamais au repos, c'est qu'il reçoit sans arrêt des messages sensoriels. Parmi ceux-ci les plus importants, toujours présents, viennent de la *sensibilité musculaire*. Il est nécessaire de sortir de l'inattention qui nous fait prendre le muscle pour un pur organe moteur d'exécution en oubliant qu'il est aussi un de nos plus importants organes des sens. Toute modification de la contraction du muscle, statique (tonus) ou dynamique (mouvement), va activer ou calmer de nombreux types de récepteurs sensoriels mécaniquement sensibles et dont les uns sont des dispositifs propres aux muscles comme ces fibres spécialisées que sont les *fuseaux neuromusculaires* comportant un récepteur principal et des récepteurs accessoires, les autres sont situés au niveau des tendons ou du conjonctif musculaire. Le fuseau neuromusculaire possède une innervation motrice propre par des fibres plus fines, dites *gamma*, qui le maintiennent dans un état de tension variable modifiant la sensibilité de ses récepteurs sensoriels.

Chaque neurone moteur de la moelle est influencé par les divers messages venant du muscle qu'il innerve et des muscles synergiques et antagonistes, et son activité dépend de la somme des influences activatrices et inhibitrices que ces messages exercent sur lui. En mettant une micro-électrode dans un neurone de la moelle, on peut aujourd'hui analyser toutes ces influences. L'ordre moteur cérébral ne va donc pas tomber sur une moelle au repos, mais ajouter un facteur supplémentaire à cette dynamique fluctuante dans le temps et l'espace d'excitations et d'inhibitions.

Mais cette dynamique n'est pas seulement autorégulatrice au niveau de la moelle grâce aux interrelations entre neurones sensitifs et neurones moteurs. Un animal, privé de ses centres encéphaliques et qui n'a que sa moelle, n'a pas un tonus suffisant pour garder une posture correcte, tenir sur ses pattes. L'harmonie du tonus exige une autorégulation faisant intervenir à un niveau supérieur les messages de la sensibilité musculaire. Ceux-ci montent jusqu'aux centres de la base du cerveau qui assurent cette régulation en envoyant aux neurones moteurs médullaires des messages régulateurs activateurs ou inhibiteurs. A l'inverse des régulations locales ou régionales médullaires, il s'agit d'une régulation *d'ensemble* assurant toute l'unité motrice de l'individu qui peut ainsi conserver son équilibre général au cours du mouvement. Mais la régulation n'est pas assurée uniquement par intervention des messages ascendants venant des muscles : au service de l'harmonie du geste volontaire, les centres régulateurs reçoivent aussi des messages descendants les informant de l'état du cerveau et mettent ainsi les centres moteurs périphériques au service de celui-ci. On a pu dire que l'organe régulateur principal, le cervelet, recevait par une liaison avec le cerveau le double du message moteur que celui-ci allait envoyer. Le plus grand développement du cervelet chez les Mammifères et l'Homme se fait en relation avec l'autorégulation de la motricité cérébrale volontaire.

L'existence de ces centres régulateurs est bien attestée par l'expérimentation qui permet d'en distinguer deux étages. Alors que l'animal dont les centres sont réduits à la moelle a un tonus insuffisant, celui qui a en plus le bulbe et la protubérance a, au contraire, un tonus exagéré : il est contracturé en extension comme s'il était en bois, c'est la *rigidité décérébrée*. Normalement interviennent les centres régulateurs principaux situés dans le mésencéphale qui empêchent cette hypertonie en ajustant le tonus au niveau convenable. La partie la plus importante du cervelet est un organe de précision qui agit par l'intermédiaire de ces centres du mésencéphale.

Les messages de la sensibilité musculaire ne s'arrêtent pas dans la base du cerveau : ils montent par relais successifs jusque dans l'écorce cérébrale. C'est ce qui leur permet d'être à l'origine de sensations conscientes nous renseignant sur la position et les mouvements des diverses parties de notre corps, même quand nous ne les voyons pas, ce qui en particulier nous donne le sens du relief (reconnaissance d'un objet à la palpation) ou du poids. Si nous pouvons prêter attention à de tels renseignements, le plus souvent nous ne nous rendons pas compte de tout ce qui arrive ainsi en permanence à notre cerveau. Ces messages n'en jouent pas moins un rôle de la plus haute importance pour la motricité cérébrale comme pour la motricité médullaire. La motricité cérébrale ne dépend pas d'une structure anatomique au repos, les neurones moteurs des divers mouvements situés les uns à côté des autres dans la zone motrice, mais d'une *structuration* qui est une mosaïque d'états fonctionnels différents : certains neurones sont excités, d'autres inhibés en rapport avec le degré de contraction des muscles. Nous avons ainsi en notre cerveau, non un organe de commande au service de la volonté, mais le reflet, l'image fidèle de l'état de notre corps. Et cette image est double. En arrière de la scissure de Rolando dans la circonvolution pariétale ascendante arrivent les messages venant des muscles comme de la peau qui excitent et inhibent les neurones sensitifs cérébraux. C'est la source de nos sensations. Mais cette zone sensitive va influencer les neurones moteurs correspondants situés en regard, en avant de la scissure, dans la circonvolution frontale ascendante : les structurations sensitives se transforment en structurations motrices où il suffira que l'ordre moteur soit envoyé pour que son exécution soit correcte. Tout mouvement n'est donc pas simplement un ordre moteur qui parvient au muscle : il est une modification de l'image motrice cérébrale dont le cerveau est informé par une modification de l'image sensitive musculaire cérébrale. Vouloir c'est d'abord, non agir sur le muscle, mais faire preuve d'imagination motrice, avoir dans sa tête l'idée du mouvement, c'est-à-dire réaliser la structuration motrice qui sera à l'origine de la commande musculaire.

Apprendre à agir : gnosies et praxies.

Nous n'en sommes pas conscients car nous en avons l'habitude. Alors que dans la moelle, centre relativement simple, tout fonctionne correctement automatiquement, sans apprentissage, grâce à l'harmonie des connexions nerveuses qui se sont faites au cours du développement, dans le cerveau, bien plus complexe, tout n'est pas préétabli. Les connexions existent, mais elles permettent de multiples possibilités : nous pouvons accomplir d'innombrables gestes, mais nous n'en apprenons que quelques-uns. Le jeune enfant a une motricité incoordonnée : c'est d'abord parce que son cerveau n'est pas mûr et que toutes les connexions n'y sont pas établies. Si certains mouvements comme ceux de la marche sont des automatismes innés qui ne dépendent que de la maturation nerveuse, nous ne pouvons à volonté modifier notre marche ou exécuter des gestes comme la préhension que par apprentissage. Le jeune enfant qui joue dans son berceau apprend à utiliser les possibilités de son cerveau, reconnaît la signification des sensations et coordonne de mieux en mieux ses mouvements.

L'anatomie lui donne des neurones cérébraux sensitifs recevant les messages des sens, elle lui fournit des neurones moteurs. Au voisinage de ces neurones, de par leur situation, les neurones voisins sont préadaptés à un rôle coordinateur. Mais c'est l'exercice, l'apprentissage qui permettra l'utilisation de ces possibilités innées. Dans le cerveau tout ne repose pas sur des réflexes ordinaires, mais sur des réflexes acquis, des *réflexes conditionnés.* Réflexes conditionnés que les *gnosies* perceptives, cette coordination qui nous permet de comprendre le sens de ce que nous sentons, que les *praxies* motrices que sont nos gestes dont la précision a été acquise par tâtonnements en ajustant mouvement et effort au résultat cherché avec l'aide de la sensibilité musculaire.

Ce qui va nous permettre d'agir, ce n'est donc pas directement ces structurations sensitives et motrices primaires sises de part et d'autre de la scissure de Rolando, mais les circuits coordinateurs complexes que nous avons formés dans les zones voisines, zones des gnosies et des praxies.

Les zones motrices cérébrales.

La précision de nos mouvements dépend d'abord de la plus ou moins grande richesse de l'innervation périphérique du muscle : nombre de fibres musculaires dépendant de la même fibre nerveuse, densité des récepteurs sensitifs. Mais en rapport avec cette richesse se trouve la densité des neurones récepteurs et moteurs cérébraux. Si on traçait l'image cérébrale du corps le long de la scissure de Rolando où se trouve la localisation point par point de tous les muscles, les pieds vers le haut et la tête vers le bas, on trouverait, aussi bien pour la sensibilité que la motricité, une image déformée et grotesque, car il y a bien plus de neurones cérébraux pour les muscles précis : les muscles du tronc sont peu importants cérébralement malgré leur masse, tandis que les muscles moins volumineux de la main, de la face, du cou (phonation) ont une riche commande cérébrale. Le corps au service de la volonté ce n'est pas le corps que nous voyons, mais celui que nous sentons cérébralement.

Vis-à-vis de la zone sensitive pariétale, il existe deux zones motrices cérébrales. En avant de l'*aire motrice* de la circonvolution frontale ascendante, où siègent les neurones psychomoteurs pyramidaux qui vont directement commander les neurones moteurs périphériques du côté opposé et qui sont les organes de la motricité fine de précision, il existe une *aire prémotrice*, origine des voies extrapyramidales, qui ne commande les neurones périphériques que par relais successifs dans les centres de la base du cerveau. C'est la motricité plus grossière, mais plus généralisée qui permet à la précédente son efficacité : dans tout mouvement cérébral, il n'y a pas que l'adaptation précise de la contraction d'un muscle, mais la mise en jeu des nombreux muscles accessoires, collaborateurs et préparateurs : le bras se déplace pour que la main agisse. L'aire prémotrice est à la fois le siège de ces neurones moteurs et celui des neurones coordinateurs, base des réflexes conditionnés des gestes qui tiennent sous leur contrôle neurones pyramidaux et extrapyramidaux.

Une lésion des neurones d'exécution est source de paralysie, une paralysie qui est difficile à mettre en évidence dans une lésion localisée, car, s'il s'agit de l'aire motrice, seul le geste de précision est atteint, mais la zone prémotrice continue à jouer son rôle. Si celle-ci est atteinte, une motricité automatique subsiste, qui dépend des centres moteurs de la base, comme les corps striés. Si ce sont les neurones coordinateurs qui sont atteints, il n'y a pas paralysie, mais impossibilité du geste correct et voulu, ce qu'on appelle une *apraxie* et dont deux exemples importants sont l'*agraphie* de qui ne sait plus écrire et l'*aphasie motrice (anarthrie)* de qui ne peut plus coordonner ses muscles phonateurs pour articuler.

Une difficulté de notre organisation cérébrale, c'est que nous avons deux hémisphères cérébraux commandant chacun une moitié du corps : il existe normalement un hémisphère prépondérant dit *dominant* qui est l'hémisphère qui commande la main active, le gauche chez le droitier et le droit chez le gaucher. Ceci veut dire que les gnosies et praxies y sont plus électivement localisées, surtout celles du langage. L'hémisphère dominant est le cerveau du langage. Les autres praxies sont moins localisées. Les recherches actuelles tendent à préciser le rôle praxique des deux hémisphères et l'importance du *corps calleux* qui les réunit.

Des automatismes cérébraux à la volonté.

L'homme peut apprendre à tout âge. On doit distinguer trois catégories de praxies. Il y a les automatismes acquis spontanément dans l'enfance par une auto-éducation influencée par le milieu social qui, par exemple, donne une langue qui n'utilise que certaines des aptitudes cérébrales innées à la modulation des sons. De tels réflexes conditionnés sont pour nous comme une seconde nature, la manière dont nous avons appris à l'origine à utiliser notre cerveau au moment où, inachevé, il était très malléable et où sa construction même a été infléchie par la manière dont nous l'avons fait fonctionner. D'autre part, cette auto-éducation de base s'est faite à un moment où la conscience de l'enfant n'était pas encore épanouie : cela a même contribué à son épanouissement : nous n'avons pas appris volontairement, nous avons contracté une habitude de façon irréfléchie car nous n'étions pas aptes encore à réfléchir. Plus tard, au contraire, à ce dressage automatique par la vie d'un être relativement passif fera suite une éducation consciente et volontaire : par exercice voulu, nous apprendrons certains gestes nouveaux se greffant sur les gestes primitifs. Ils deviendront eux aussi un automatisme ne faisant pas intervenir conscience et volonté, mais ce sera secondairement. Enfin si nous pouvons nous reposer sur des gestes habituels automatiques, nous avons aussi la possibilité de faire des gestes pleinement volontaires, c'est-à-dire d'utiliser nos gestes appris dans des circonstances différentes.

Dans tous les cas, il s'agit du fonctionnement des mécanismes moteurs cérébraux, de cette harmonie des excitations et des inhibitions où l'autorégulation sensorielle joue un rôle prépondérant. Les centres régulateurs de la base du cerveau [1] ne sont pas seulement responsables de la régulation descendante du tonus musculaire par l'intermédiaire du tonus nerveux des neurones moteurs. Leur fonction régulatrice est générale et concerne tout le fonctionnement nerveux. Il existe ainsi une régulation *ascendante* responsable de l'harmonie des fonctions cérébrales. L'information que reçoivent du cerveau les centres régulateurs ne sert pas seulement à préparer la motricité à l'action, mais leur permet d'agir rétroactivement sur le cerveau lui-même. Agir suppose une répartition correcte dans l'espace et le temps des processus d'excitation et d'inhibition entre les neurones moteurs cérébraux : c'est ainsi que se réalisent les circuits des réflexes conditionnés. Longtemps on a cru que cette harmonisation dépendait du seul cerveau. On sait aujourd'hui qu'y interviennent les centres régulateurs.

---

[1] Notamment la *formation réticulaire*.

L'éducation, c'est l'utilisation des possibilités coordinatrices et harmonisatrices de ces centres. Mais, le plus souvent, nous sommes la proie passive de tous ces mécanismes nerveux. Ce n'est pas là utilisation complète des pouvoirs du cerveau qui nous permet d'accéder à la direction personnelle de ces mécanismes, ce en quoi consiste la vraie volonté.

Le moi cérébral.

Longtemps, on a cru que, par définition, le subjectif, la conscience, la volonté, échappaient à l'étude scientifique objective. Toutes les tendances de la neurophysiologie moderne, scrutant le cerveau humain éveillé, aboutissent au contraire à nous préciser objectivement les mécanismes cérébraux de la subjectivité. Nous ne voulons que parce que le moi, quelle que soit sa spécificité, est un mécanisme cérébral apte, à cause de cela, à entrer en rapport avec les mécanismes cérébraux. Une volonté angélique spirituelle désincarnée serait chez l'homme impuissante. De même une volonté qui ne serait que rouage cérébral.

Si les messages de nos sens, aboutissant dans le cerveau aux gnosies perceptives, nous permettent de distinguer les objets extérieurs, c'est en nous situant par rapport à eux. La synthèse de toutes les sensations relatives à notre corps, où la sensibilité du cerveau pariétal cutané et musculaire joue un rôle prépondérant, crée en notre cerveau l'*image de notre corps*, une synthèse formée dans l'enfance et qui est devenue habitude irréfléchie.

Même sans y penser, elle est toujours présente en nous. C'est la présence du sujet à lui-même dans son cerveau, l'aspect immanent, mécanisme cérébral, du moi. Dans *je veux*, il y a deux éléments, le je et le vouloir. Nous vivons avec l'idée que seul le vouloir est mécanisme cérébral, mais que sa mise en jeu est spirituelle. Comment le spirituel pourrait-il commander des excitations et des inhibitions cérébrales ? Ce n'est pas un insoluble mystère, mais un faux problème. Vouloir c'est utiliser le moi cérébral, l'image du corps, les mécanismes cérébraux de la personne pour la prise en charge personnelle de la conduite. Le moi cérébral, ce sont les structurations de la zone pariétale dans sa partie gnosique : nous apprenons à les utiliser pour modifier les structurations motrices. Le mouvement volontaire ou la maîtrise volontaire c'est la prise en charge de la dynamique motrice cérébrale par les structures du moi. Echappe au contraire à la volonté ce qui n'est pas commandé par ces structures.

Il s'agit de l'alternance entre *distraction* et *attention* : être attentif, c'est mettre le cerveau sous contrôle du moi cérébral; être distrait c'est le laisser fonctionner à son insu. Et ceci ne concerne pas seulement la motricité, mais toute la dynamique cérébrale qui a la même base de mosaïques d'excitation et d'inhibition fluctuant dans le temps et l'espace, qu'il s'agisse de sensations ou de pensées. Tout est dans notre cerveau, mais nous devons apprendre à en prendre le contrôle. S'il n'y a sensation que par prise de conscience, tous les éléments de la sensation préexistant dans le cerveau conduits à notre insu par les messages des sens. Il est en nous une machine à penser par association des images du monde extérieur ou de leur équivalent verbal, mais nous avons à la diriger volontairement. Etre attentif ou distrait dépend des automatismes de régulation de la base du cerveau qui majorent ce à quoi on est attentif et freinent ce dont on est distrait. Mais attention et distraction sont pour nous des automatismes machinaux dont nous ne nous soucions pas : il nous faut apprendre à être attentif ou à savoir détourner notre attention, afin de ne pas être esclaves d'automatismes cérébraux que nous avons le pouvoir normalement de diriger. Se servir de son cerveau pour penser et agir semble aller de soi, car c'est une habitude d'enfance que nous prenons pour une aptitude innée. Or, nous allons le voir, cela ne va pas de soi : il n'y a de bonne habitude que celle qui résulte d'une vraie prise de conscience adulte, ce dont n'est pas capable la conscience en formation de l'enfant. On se rendait mal compte de cette difficulté dans la vie relativement simple et conformiste d'autrefois où il suffisait de suivre les usages. Aujourd'hui où tout est remis en question, il est nécessaire d'apprendre à bien vouloir, d'autant plus que par manque de sagesse nous vivons une vie excessive qui déséquilibre nos centres régulateurs, nous faisant succomber à la *fatigue nerveuse*. Celle-ci rend la maîtrise bien plus difficile, mais exige précisément cette maîtrise comme condition du retour à l'équilibre et à la santé. Bien vouloir, ce n'est pas un activisme énervé et irréfléchi, c'est savoir et sentir ce qu'on est pour l'appliquer à faire ce qu'on doit. Ceci suppose des conditions cérébrales dont on ne saurait s'affranchir.

CHAPITRE II

VOLONTE ANIMALE
ET VOLONTE HUMAINE

Complexification cérébrale et niveaux de volonté.

L'homme primitif personnalise les phénomènes naturels : il met un esprit dans le vent, la foudre; animiste, il anime l'inanimé. Tout naturellement, il donne par anthropomorphisme à l'animal une conscience et une volonté humaines. L'objectivité, qu'elle soit scientifique ou philosophique, se refuse à une telle confusion. L'animal ne veut pas : il obéit aux automatismes innés de ses tropismes et de ses instincts. L'animal ne serait-il alors qu'une machine et dans ce cas pourquoi n'en serait-il pas de même de l'homme ? Serait-ce que celui-ci est totalement d'un autre ordre de par la spiritualité de son âme ? Pour vouloir est-il nécessaire d'avoir une âme spirituelle actionnant la mécanique cérébrale ? Nous venons de voir que la neurophysiologie moderne ne débouche pas sur le système d'une animation extérieure par le spirituel, mais nous précise la fonction cérébrale de volonté, comment le moi cérébral personnalise la conduite. Dans ces conditions, comment ne pas accorder la volonté aux animaux, tout au moins à ceux qui ont un cerveau voisin du nôtre ? Si c'est manquer au bon sens que de parler de la volonté d'un infusoire ou d'un insecte, n'en est-il pas de même de refuser la volonté à un chien, un chat ou un chimpanzé ? Telle était la position de L. Lapicque pour des raisons purement scientifiques qui l'ont conduit à développer la notion de conscience ou âme cellulaire. La série animale étant une continuité, où s'arrêter ?

En fait, nous n'avons pas bien compris l'enseignement de l'étude zoologique comparée des animaux et de l'homme, la signification de l'évolution biologique qui nous montre l'origine du supérieur à partir de l'inférieur. Les animaux nous paraissent une fantaisie de la nature sans grand intérêt pour nous qui sommes soit un animal parmi les autres, soit un être spirituel d'un tout autre ordre. Ou nous égalisons les différences dans un nivellement généralisé qui refuse tout jugement objectif de valeur, ou nous affirmons des discontinuités totales qui ôtent toute signification à l'inférieur dans la préparation du supérieur. Il est impossible de comprendre la vie et par conséquent l'homme si on ne part pas de la notion de *complexification*, l'apparition d'êtres de plus en plus complexes de par leur cerveau, ce qui permet objectivement de dire l'homme le fleuron de l'évolution animale parce qu'il est l'être au cerveau le plus complexe. Il est impossible de pleinement comprendre l'homme si on l'isole de l'animal de même que si on le coupe entre un corps soi-disant animal et une âme spirituelle. Toute la spiritualité humaine, quelle que soit sa signification métaphysique, est incarnée, c'est-à-dire se réalise par des fonctions du cerveau humain. C'est même le progrès de la neurophysiologie humaine qui fait qu'aujourd'hui les valeurs spirituelles humaines apparaissent de plus en plus comme un fait incontestable, quelles que soient les conclusions philosophiques. Si donc le spirituel est cérébralisé (et il serait tout aussi juste de dire le cérébral humain spiritualisé), il est impossible que les stades préhumains de cérébralisation ne comportent pas une certaine spiritualité, une marche vers la spiritualité humaine.

Que le philosophe appuyé sur l'objectivité psychologique insiste pour qu'on réserve le mot esprit à l'homme, il a tout à fait raison. L'homme a franchi le pas de la réflexion, cette conscience de la conscience, suivant la juste expression de Theilhard de Chardin. Mais ceci n'implique nullement que ce qui précède, ce seuil d'accès à l'esprit, n'a rien à voir avec l'esprit. La montée animale de complexité cérébrale permet un psychisme qui, sans jamais atteindre le niveau humain, monte vers lui : il s'agit bien d'une spiritualisation ou plutôt d'une *préspiritualisation*, d'une préparation au pas de la réflexion. De même qu'avant l'apparition de la vie, autre seuil abrupt, autre discontinuité, il y a eu une complexification de l'inanimé réalisant des molécules de plus en plus complexes qui n'étaient pas vivantes, mais se rapprochaient de plus en plus de la surcomplexité vivante que cette montée d'organisation préparait. C'est une position simpliste et fausse que de tout voir sous un aspect continu ou totalement discontinu : il y a des seuils de discontinuité sur un fond de progrès continu. La science nous montre comment à un certain moment la complexification quantitative produit des qualités nouvelles : la source du changement qualitatif n'est pas dans le quantitatif mais dans sa surcomplexification. Pourquoi faire de ce fait scientifique de l'émergence une affirmation philosophique matérialiste ? Si les spiritualistes étaient réalistes, ils comprendraient que c'est précisément une saine réflexion philosophique sur l'émergence qui conduit à l'expliquer métaphysiquement par ces différences formelles de nature du principe explicatif de l'organisation sur lesquelles insistait saint Thomas d'Aquin après Aristote. Nous avons besoin de revenir à la sage notion d'*analogie* qui nous explique l'union du semblable et du différent. L'animal n'a pas de volonté humaine parce qu'il n'est pas un homme, n'a pas un cerveau assez complexe pour vouloir humainement sous la dépendance d'une vraie réflexion source de pleine liberté. Il n'en a pas moins un niveau de volonté animale proportionné à son degré de complexité cérébrale. La neurophysiologie moderne objectifie dans les structures cérébrales ce que l'analyse métaphysique trouve dans la différence entre âme spirituelle humaine et niveau animal de l'âme, les âmes animales qui ne sortent pas du niveau âme animale, même si un monde sépare le psychisme inhumain de l'amibe du psychisme bien plus humain du Mammifère. Un seuil énorme sépare l'amibe du chimpanzé, mais il est comblé par une suite d'échelons intermédiaires, ce qui n'est pas le cas pour le passage de l'inanimé au vivant, même s'il y a eu des formes précellulaires de vie, ni pour le passage animal-homme, même s'il y a eu des préhumains plus simples : la difficulté est ici de situer où commence l'homme, où est franchi le seuil, mais celui-ci ne disparaît nullement du fait qu'avant l'homme il y a eu des superanimaux en chemin vers l'homme et après le seuil une continuation du perfectionnement.

Place de la volonté dans les comportements.

D'où vient qu'avec une motricité perfectionnée, les animaux ont une insuffisance de vouloir ? Par suite d'une insuffisance de leur moi cérébral qui ne leur permet pas une pleine prise en charge de leur conduite. Un vrai moi cérébral exige des hémisphères cérébraux et une écorce cérébrale, ce qui n'apparaît que chez les Oiseaux et surtout les Mammifères. Les animaux ne souffrent pas de cette insuffisance de volonté, car ils n'en ont pas besoin pour une conduite correcte. Chez eux l'essentiel est l'instinctif, l'inné, la machine à comportement qui leur permet sans avoir besoin de réfléchir et de vouloir de se conduire correctement, c'est-à-dire conformément à leur nature. En observant les animaux, nous nous figurons que leur alimentation dépend de leur prise de conscience de leur faim suivie de la décision de rechercher volontairement ce qui convient pour se nourrir. En réalité l'étude moderne des comportements instinctifs a montré qu'il s'agit d'automatismes dépendant des centres de la base du cerveau, n'impliquant ni conscience, ni volonté. L'état de besoin organique, c'est-à-dire la modification de la composition chimique du sang sensibilise les centres instinctifs obligeant l'animal à se déplacer, ce qui lui fait rencontrer sans le chercher ce dont il a besoin : ainsi sensibilisé, il réagit de façon réflexe aux aliments qu'il rencontre : un signe porté par l'aliment ne le fait pas reconnaître consciemment, mais déclenche automatiquement sa capture et sa consommation.

Ce qui différencie l'homme, c'est précisément la réduction des pouvoirs du cerveau instinctif qui est toujours le siège inconscient des besoins, mais qui n'est plus capable de déclencher les comportements convenables. Le cerveau supérieur prend conscience de l'état de besoin, mais c'est à lui qu'il appartient d'y remédier soit par habitude, usage social, soit par volonté réfléchie. Incapable de liberté, l'animal suit de bons instincts; privé de ces bons instincts, l'homme n'en est plus esclave, mais chez lui la liberté n'est pas une fonction lui permettant de faire n'importe quoi, mais de *suppléer au manque d'instinct* pour trouver par réflexion ce qui est convenable et bon, conforme à la nature de l'homme. L'homme ne peut se passer de vouloir, sauf après avoir contracté de bonnes habitudes, alors qu'en général il prend pour volonté l'esclavage au conformisme social qui, à l'inverse des bons instincts animaux, peut être très dénaturant.

La neurophysiologie confirme ainsi sans faire aucune métaphysique la différence de nature qui sépare l'homme de l'animal. Quand on parle de nature chez l'homme, il s'agit de sa nature d'homme, en rapport avec la complexité de son supercerveau, et nullement comme on le croit si souvent, d'une moitié de lui-même qui serait la part quasi animale, biologique élémentaire par laquelle il se confondrait avec la nature en opposition avec sa dimension spirituelle et culturelle. C'est au contraire dans la mesure où nous constatons son émergence au-dessus de la nature dont il est le fleuron que l'homme est dans sa nature humaine, dont spirituel et culturel sont la conséquence spécifique.

Mais ce n'est pas parce que la neurophysiologie réduit l'instinct animal à des chaînes de réflexes de comportement, donc un automatisme total, qu'elle identifie l'animal à son instinct pour en revenir à la thèse de l'animal-machine. Si l'homme avec sa supériorité réfléchie n'en a pas moins, malgré l'absence des vrais instincts, toute une série d'obscurs besoins, de pulsions, de tendances qui exigent leur satisfaction correcte pour le bon équilibre, si sous son cerveau supérieur, il garde un cerveau instinctif plus développé même que chez l'animal quoiqu'il ne soit plus capable de fonctionner sans le contrôle du cerveau supérieur, de même l'animal n'est pas qu'instinctif. Il n'a pas besoin obligatoirement du cerveau supérieur pour régler ses conduites dans les circonstances de la vie normale, mais il n'en possède pas moins, à un moindre degré que l'homme, un cerveau supérieur qui lui donne une certaine aptitude à acquérir des comportements nouveaux sur la base des réflexes conditionnés, à être conscient, à accéder à un certain niveau de volonté et de maîtrise de soi. Le neurophysiologiste se trouve ici préservé de deux tendances à l'erreur qui sont les tentations inverses du spécialiste de psychologie animale. Celui-ci peut être amené à minimiser les possibilités animales d'intelligence pour échapper au danger d'anthropomorphisme; il ne se rend pas compte qu'il tombe souvent dans le risque inverse et manque tout autant à l'objectivité. Ne pouvant nier l'évidence, il est alors conduit à majorer excessivement les possibilités psychiques animales et, ne jugeant les comportements que de l'extérieur, prendre pour intelligent un automatisme instinctif ou de dressage où l'animal ne manifeste aucune vraie maîtrise. Il faut confronter les comportements animaux avec le degré de développement du cerveau. On ne saurait attribuer au modeste cerveau de l'Insecte ce qui exige la complexité d'une écorce cérébrale de Vertébré.

Si l'intelligence réfléchie permettant l'acte libre, la vraie volonté, est le propre de l'homme, le niveau humain est précédé du stade oiseau-mammifère où une intelligence, une conscience et une volonté analogues de celles de l'homme, bien qu'à niveau inférieur, ne sauraient être niées. Donner une volonté humaine à un chien est une puérilité où neurophysiologiste et philosophe, chacun de son point de vue, dénoncent un manque de bon sens. Mais c'est tout autant manquer au bon sens que de tomber dans l'erreur inverse chère à Descartes et si justement réfutée par La Fontaine. Le chien a une conscience et une volonté de chien. Avant Descartes le réalisme de la philosophie aristotélothomiste l'avait bien reconnu quand elle appelait *estimative* cette intelligence concrète animale.

Employer le terme de volonté à des niveaux plus réduits d'organisation cérébrale est plus contestable. Les animaux inférieurs ont leur conduite automatiquement régie par les automatismes des tropismes et des instincts. Ce n'en serait pas moins une grave erreur que de les limiter à ce niveau.

Dès l'origine, il y a une possibilité d'adaptation à des situations nouvelles. Les réflexes conditionnés, la possibilité de dressage se manifeste avant même le cerveau comme propriété de la matière vivante chez les unicellulaires : on peut inverser un tropisme en l'associant à une récompense ou une punition, c'est-à-dire à quelque chose d'agréable ou de désagréable. Passé le stade où on donnait une volonté humaine à une amibe, l'analyse scientifique des comportements inférieurs a abouti à faire de l'unicellulaire le support passif des tropismes, propriétés de sa matière vivante. Ce stade utile est aujourd'hui dépassé et on parle de *psychisme inférieur* d'une grande complexité dès l'échelon cellulaire. C'est, par exemple, Viaud reprenant les travaux de Jennings, nous montrant l'aspect *pathie* des tropismes, manifestation d'une protoaffectivité qui, en évitant le désagréable choisit un optimum, un *préférendum* au lieu des attractions et répulsions brutales à maxima des tropismes ordinaires. L'unicellulaire est une petite individualité équipée de comportements lui permettant de vivre, ce qui ne comporte pas une juxtaposition de comportements, mais leur synthèse unifiée finalisée pour la défense de l'individu. Le spécialiste des comportements se penche objectivement sur le dehors des conduites, mais il lui échappe l'essentiel s'il refuse de voir qu'il existe un *dedans*, cette organisation interne d'une matière vivante unifiée qui est responsable de ces comportements, lesquels sont des réactions adaptées et adaptatrices au milieu. Dans ces comportements élémentaires, l'animal réagit comme un tout, un individu et le niveau de son individualité dépend de la complexité de son organisation qui assure son unification. La différence essentielle entre l'inanimé et le vivant c'est le degré d'organisation : l'inanimé peu complexe, au-dedans, à l'intérieur relativement simple (une simplicité dont la physique moderne nous montre la complexité) est une présence passive au monde; l'individu vivant, si simple soit-il, est une organisation bien plus complexe qui ne substitue que par une activité permanente libératrice d'énergie, c'est une *présence active* au monde en lutte permanente avec lui pour se maintenir et subsister. C'est cette notion scientifique de l'organisation et de ses conséquences que développe Theilhard quand il parle de « dedans des choses » et non une mauvaise philosophie qui donnerait une conscience humaine à un caillou ! Dans une perspective de dynamisme évolutif de cosmogénèse les niveaux prévivants d'organisation intérieure, de dedans des choses, sont une *préconscience* en marche vers le seuil de complexification qui permettra le premier niveau de vraie conscience, la conscience cellulaire ou bioconscience. Une telle conscience cellulaire est évidemment une quasi inconscience par rapport à la conscience réfléchie humaine et même la conscience préréfléchie ou tangeantant un premier degré de réflexion de l'oiseau et du mammifère. Elle n'en est pas moins l'analogue à niveau inférieur et la préparation, la lointaine annonce. Tout animal a une conduite unifiée et individualisée : il est doué du pouvoir de réagir en tant qu'individu, de se mettre d'une certaine manière dans son action. On ne saurait nier qu'il y ait là une *prévolonté*. Pour qu'elle devienne volonté, il faut qu'elle émerge de l'immanence, grâce au progrès de l'organisation intégrée, pour prendre la direction de la conduite. Tout le progrès du système nerveux dans la série animale va dans ce sens. La présence diffuse du moi se localise dans les structures cérébrales où elle pourra individualiser la conduite. Au-dessus des automatismes innés et acquis, l'animal possède une possibilité de maîtrise de soi, d'utilisation de son expérience pour une conduite mieux adaptée qui se développe avec l'organisation du cerveau. Lueur minime chez les animaux inférieurs sans système nerveux ou sans centres supérieurs (sans tête), elle franchit un degré avec l'apparition des ganglions cérébroïdes, cerveau des invertébrés, un cerveau essentiellement instinctif qui culmine avec l'individualité marquée de l'abeille ou de la pieuvre. Les vertébrés inférieurs, par manque d'écorce cérébrale, ne vont guère plus loin.

Ce progrès d'individualité et de conscience qui se marque déjà sur un plan organique quand apparaissent, chez oiseaux et mammifères, les centres thermorégulateurs qui assurent l'indépendance de la température interne de celle du milieu dont elle ne subit plus les variations, nous le constatons spécialement dans les relations sociales entre individus. Chez les êtres inférieurs, comme les insectes sociaux, la relation sociale reste une interattraction automatique, tandis que chez les vertébrés sociaux apparaît une connaissance individuelle de l'autre. Celui-ci n'est plus objet d'attirance-réflexe, mais est choisi pour lui-même, reconnu en tant qu'individu. Ceci est manifeste quand il s'agit du rapport sexuel : il n'y a pas de vrai amour chez les invertébrés, mais simple déchaînement des automatismes génitaux par un signe, par exemple une odeur, tandis que chez les Oiseaux et les Mammifères, il existe un véritable choix volontaire de tel individu pour tel autre individu. La même montée de conscience se voit par exemple dans le comportement d'imitation. Seul l'homme est capable d'imitation réfléchie : le singe, contrairement au préjugé courant, imite peu, il singe souvent sans comprendre. Mais toute une évolution va de l'imitation biologique inconsciente, du mimétisme qui fait prendre la couleur du milieu, aux automatismes instinctifs d'imitation des chenilles qui se suivent ou des insectes sociaux qui sont obligés par l'instinct d'imiter le travail du voisin avec prise de conscience progressive de l'individu voisin et de ce qu'il fait. S'il faut blâmer les hommes qui se conduisent si fréquemment en moutons de Panurge, on peut le faire aussi de ces animaux qui dans cet automatisme utilisent fort mal les possibilités de volonté de leur cerveau de Mammifère.

La psychophysiologie comparée contribue donc, elle aussi, à nous montrer que vouloir, pour l'homme, ce n'est pas contraindre une chair rebelle, imposer la spiritualité à la partie animale; c'est au contraire utiliser correctement notre chair qui est une chair humaine pourvue d'un cerveau qui la commande et lui donne sa vraie signification spirituelle. Vouloir n'est pas du superflu, il est une nécessité. L'homme est fait pour vouloir, bien vouloir est l'utilisation correcte de son cerveau.

La supériorité cérébrale humaine : le langage.

Il est intéressant de préciser un peu plus la différence entre cerveau animal et cerveau humain pour mieux comprendre la spécificité de la volonté réfléchie humaine, sa différence de nature psychobiologique avec la volonté animale.

L'homme est non pas l'être au cerveau, le plus volumineux ou le plus lourd par rapport à son poids corporel, mais celui qui a le cerveau le plus complexe, c'est-à-dire la plus grande richesse en interconnexions de son réseau neuronique de l'écorce cérébrale. L'importance en poids ou volume du cerveau humain est en rapport avec sa quantité de neurones : environ 14 milliards, alors que le chimpanzé qui est le plus voisin dans la nature actuelle n'en a que 4 milliards. Le nombre ne joue pas en lui-même, mais les neurones ayant des prolongements interconnectés de façon multiple, la richesse des interconnexions croît infiniment plus que le nombre des éléments. Objectivement, en tant que machine nerveuse, le cerveau humain est un appareil bien plus complexe que le cerveau animal et il ne faut donc pas s'étonner de lui voir effectuer des réalisations psychologiques d'un autre ordre. Si la complexification quantitative est source de qualités nouvelles, c'est qu'effectivement le réseau cérébral a franchi un seuil de complexité au niveau humain.

Cette supériorité du cerveau humain se manifeste dans toutes ses parties si bien que toutes les fonctions cérébrales seront d'un autre ordre. Mais la différence avec l'animal n'est pas uniquement dans la richesse du réseau. Elle est aussi dans un progrès de la *hiérarchisation* du cerveau où le cerveau supérieur prend une prépondérance plus grande et devient plus nécessaire pour la conduite. Quand on passe des mammifères inférieurs aux primates, et parmi ceux-ci des singes inférieurs aux anthropoïdes et à l'homme, ou quand on suit dans la série paléontologique des hominidés la montée vers l'homme vrai, on ne constate pas simplement l'accroissement de richesse du réseau nerveux, mais aussi le développement de plus en plus grand de la région préfrontale. C'est la prépondérance de cette région qui fait vraiment l'homme. Peu importe donc que des Mammifères parmi les plus intelligents, qu'il s'agisse de l'éléphant ou du dauphin, aient une richesse cérébrale voisine, ce qui leur manque c'est cet achèvement de la hiérarchie des régions du cerveau qui n'est pas encore atteint chez l'homme de Néanderthal qui, du point de vue volume, a le cerveau humain actuel mais avec une insuffisance de la région préfrontale.

C'est ce changement d'importance relative des régions du cerveau qui explique que la supériorité humaine n'aille pas de soi : elle repose sur une infériorité, cette réduction des pouvoirs instinctifs du cerveau inférieur que nous avons signalée. L'homme n'est supérieur que s'il utilise son cerveau supérieur; au contraire s'il s'abandonne aux automatismes du cerveau inférieur, il est au-dessous de l'animal, car l'humanisation de ce cerveau inférieur ne lui assure un fonctionnement correct que s'il travaille sous le contrôle du cerveau supérieur, ce qui est non de la morale, mais la physiologie correcte du cerveau humain objectivement incontestable.

Mais une différence de principe sépare le fonctionnement du cerveau supérieur de celui du cerveau instinctif : dans celui-ci, tout dépend de la construction, des propriétés innées de l'organisme. Pas besoin d'apprendre. Au contraire dans le cerveau supérieur, s'il y a des possibilités innées inscrites dans les structures, il faut apprendre à les développer. Alors qu'un instinct est obligatoirement bon pour l'animal, une habitude, elle, peut être mauvaise, consister en un préjugé social. Si nous ne nous rendons pas compte du changement de nature dans le domaine de ce que nous appelons notre vie instinctive, c'est que nous paraissons enchaînés à des automatismes tout à fait comparables aux automatismes animaux : nous prenons pour des instincts, la manière dont nous avons appris socialement à satisfaire nos besoins dans le jeune âge en conformité aux usages de la société où nous avons grandi.

S'il n'y avait pas de supériorité humaine sans le cerveau (c'est-à-dire, en fait, sans l'aptitude d'origine génétique de la matière vivante humaine à donner dans le développement un cerveau humain), il ne servirait de rien à l'homme d'avoir ce supercerveau s'il n'était *un être de nature social* c'est-à-dire qui ne peut trouver son équilibre isolé, qui a besoin des autres. Il n'eût servi de rien à l'homme d'avoir son supercerveau s'il n'avait pas été d'emblée social, mais il ne lui eût servi non plus de rien d'être social s'il n'avait pas ce supercerveau. Les sociétés animales sont figées dans leurs mœurs instinctives. Une différence de nature sépare la société humaine des sociétés animales, c'est ce dynamisme de progrès culturel de génération en génération. Il est basé sur une meilleure utilisation des possibilités du cerveau humain, organe du progrès.

Ce superdynamisme, nous le retrouverons dans le développement individuel. Qu'il s'agisse de l'homme primitif ou du nouveau-né, il a les aptitudes pleinement humaines de par la possession de son cerveau. Mais alors que l'animal, en dehors de la grosse pathologie, est assuré de devenir un animal normal adulte muni de ses bons instincts, d'une certaine aptitude à apprendre et à utiliser intelligemment son expérience, il n'en est pas de même de l'être humain qui a besoin d'être socialisé, civilisé, faute de quoi, non seulement il ne donnera pas toutes ses possibilités, mais il perdra ses aptitudes. L'homme naît avec un cerveau inachevé et immature qui n'est riche que de possibilités : ces possibilités, il va apprendre à les développer en copiant son entourage.

Ce qui nous montre le mieux où nous entraîne notre égoïsme individualiste qui nous fait oublier notre socialisation profonde, c'est que nous ignorons que l'essentiel de notre psychisme, ce qui nous donne une pensée vraiment humaine apte à l'abstraction, c'est le *langage*. Nous pensons avec des mots, même si l'habitude en est si ancrée en nous que nous ne nous en rendons plus compte et croyons avoir une pensée « pure », spirituelle. Le cerveau humain nous donne l'aptitude innée de moduler les sons, mais l'enfant apprend à imiter la langue de son milieu, ce qui fait que l'enfant sourd devient muet. Ainsi l'enfant ne gardera pas toutes ses aptitudes, il n'utilisera que celles qui ont cours dans son milieu : le non-usage de ce son rend difficile au français le th anglais ou le j espagnol. Il pensera avec des mots, une syntaxe reçus du milieu et il n'est pas indifférent de penser avec une langue riche ou pauvre. Le progrès culturel est au fond un progrès de langage.

Si toujours on a défini la pensée humaine par sa verbalisation, on n'a pas assez insisté, d'une part sur le fait que la verbalisation est un usage social et que, d'autre part, elle est une aptitude qui n'apparaît qu'avec la surcomplexité du cerveau humain. C'est le grand mérite de Pavlov de l'avoir démontré et d'avoir ainsi prouvé scientifiquement en quoi la surcomplexité cérébrale entraînait une différence de nature entre la pensée humaine et la pensée animale. L'animal au cerveau plus simple n'a qu'une pensée très réduite par association des images directes des sens. L'homme possède cette pensée par images bien plus riche à cause de la complexité cérébrale dans les zones réceptrices et dans leurs possibilités d'association. Mais la richesse de ses circuits cérébraux lui donne le pouvoir d'utiliser une symbolique verbale pour penser, un *second système de signalisation*. Ce qui chez l'animal n'était qu'un signal, moyen de communication élémentaire, devient chez l'homme pouvoir de désigner les choses et de penser en associant, non les images, mais les mots : *langage intérieur*.

On n'a pas tiré pleinement parti de cette importance du langage quand on se contente de son aspect analytique. Le langage est aussi au service de la superconscience réfléchie humaine. La conscience dépend, nous l'avons rappelé, de l'image du moi, qui se forme dans le cerveau, et la prise de conscience du passage de la dynamique cérébrale sous le contrôle de ce neuromoi. Alors que chez l'animal un neuro-moi insuffisant n'accède pas à la direction de la conduite, car il reste immergé dans le dynamisme cérébral, chez l'homme se fait une émergence en quoi consiste la réflexion. Cette émergence est conditionnée par la surcomplexité qui n'exige pas le langage mais le rend possible. Mais le langage à son tour, de même qu'il favorise la pensée abstraite, va aussi favoriser la réflexion. L'image du moi, elle aussi, est verbalisée et devient le mot *je*, tandis que l'autre devient le *tu*. C'est quand l'enfant commence à dire *je* qu'il se met à faire des progrès foudroyants par rapport au singe; deux facteurs interviennent : la maturation du cerveau qui normalement le rend apte à dire *je*, — mais qui existe même chez le sourd-muet qui ne dit pas je —, et la socialisation de cette aptitude qui fournit le mot *je*. En l'absence de cette verbalisation, on constate des insuffisances.

Si donc vouloir c'est, de façon réfléchie, personnaliser sa mécanique cérébrale en y appliquant son neuromoi, cette opération est grandement facilitée chez l'homme par le fait de pouvoir dire : *je veux*.

Au-dessus du cerveau instinctif localisé à la face interne du cerveau, la grande masse du cerveau supérieur où se localisent les zones motrices et sensitives est une sorte de machine à penser verbalisée siège des réflexes conditionnés, c'est-à-dire des habitudes sociales. Il y a là toute la mécanique essentielle pour les conditions humaines. Ceci ne suffit cependant pas. On peut dire *je veux* et se conformer de façon irréfléchie aux usages à moins que, de façon tout aussi automatique, on agisse par anticonformisme.

Le préfrontal humain, volonté réfléchie du bien.

L'homme ne se définit pas par le remplacement des instincts innés par les usages appris. Il n'est pas juxtaposition d'une affectivité et de besoins élémentaires avec des réflexes conditionnés. Comment trouverait-il son équilibre s'il s'efforce de lutter au nom de la morale contre ses tendances profondes, s'il n'arrive pas à savoir s'il doit donner la primauté au cœur ou à la raison ? L'important est-il la machine à raisonner ou l'affectivité ? Où se situe la spontanéité humaine ? C'est ici qu'intervient la partie la plus humaine du cerveau, la région *préfrontale* dont les propriétés nous sont révélées par la pathologie, l'expérimentation chez le singe ou les opérations de lobotomie qui mettent hors circuit cette région sur des malades mentaux.

Ce n'est pas le cerveau de l'intelligence au sens étroit du mot, celle-ci dépend de la machine à penser du cerveau sensoriel et moteur. Le front humain, c'est la maîtrise de soi. Sans revenir à une localisation fausse du spirituel, nous voyons que les conplexes circuits cérébraux de cette zone sont la condition matérielle qui donne à la conscience humaine sa supériorité. Il ne suffit pas de la verbalisation du neuromoi. Il faut que le je ou l'image elle-même qu'il désigne puisse accéder à la direction de la conduite. Cette émergence réfléchie dépend des circuits préfrontaux. Grâce à eux, nous ne sommes plus immergés comme l'animal dans l'action, mais utilisant un passé vécu et personnalisé, nous avons le souci de l'avenir. Cerveau préfrontal, cerveau de l'inquiétude humaine, source de l'inquiétude patholo-gique psychiatrique que calme l'élimination du préfrontal (lobotomie), mais au prix d'une mutilation grave et défi-nitive qui prive de cette inquiétude humaine qui est la caractéristique principale de l'homme, lui permettant de s'envisager libre et responsable, doué d'une conscience morale lui faisant distinguer le bien et le mal et le poussant à rechercher le bien.

Le dialogue de sourds entre les partisans de la primauté de la raison et ceux de la prépondérance du sentiment reçoit sa vraie solution de la neurophysiologie qui nous montre que le préfrontal donne à l'homme sa dimension complète, cette union vivante du rationnel et de l'affectif à un niveau supérieur qui dépasse la raison sans lui être contraire, ce qu'on peut qualifier en leur sens authentique par les mots de *cœur* et d'*amour*. Il existe une affectivité élémentaire qui n'est pas pleinement humaine, celle de la presse du cœur et du déchaînement de l'instinct, elle est le fait du cerveau inférieur commun à l'homme et à l'animal, mais incapable de fonctionner correctement chez l'homme sans le cerveau supérieur, ce que précisément nous faisons toujours sous prétexte d'une fausse spontanéité. Il existe une rationalité froide et inhumaine qui consiste à n'utiliser que le cerveau supérieur sensitif et moteur en maîtrisant c'est-à-dire refoulant avec mépris l'affectivité. On alterne ainsi un effort réflexif et un abandon spontané. La vérité humaine c'est de toujours faire la synthèse des deux, s'établissant ainsi dans la vraie spontanéité humaine en utilisant le cerveau préfrontal, en s'établissant dans la bonne habitude de l'utiliser.

On a beaucoup discuté pour savoir si l'homme était ou non libre, ce qui est la clé du problème de la volonté. La liberté n'est-elle qu'illusion ou au contraire est-elle une certitude absurde car il n'y aurait ni bien ni mal ? Croire qu'on veut ou vouloir n'importe quoi ? Il est exact que statistiquement, les hommes se comportent bien peu librement et ne font qu'obéir à des déterminismes incoercibles, qu'il s'agisse des hormones, des complexes ou des usages; il est exact qu'ils ne savent pas ce qui est bien et mal, ce qui est pour leur nature bien et mal et font reposer la notion de bien et de mal sur leurs options philosophiques ou religieuses. Mais ceci tient à des erreurs, des préjugés, à l'ignorance ou à la bêtise, bien plus répandus que la volonté de mal faire.

Ce préjugé ne fait pas que l'homme avec son cerveau préfrontal ne dispose pas de l'organe libérateur à condition de l'utiliser, et de l'utiliser correctement. Ce n'est pas parce que nous ne savons pas utiliser notre cerveau qu'il n'en possède pas certaines aptitudes. S'abandonner aux déterminismes quand ils ne sont pas assez forts pour nous enchaîner, c'est au fond nous lobotomiser transitoirement, ne pas utiliser la partie la plus supérieure de notre cerveau. Choisir librement le mal, c'est, nous le verrons, utiliser incorrectement son cerveau et se rendre incapable de liberté. Il n'y a qu'une utilisation correcte du cerveau, c'est précisément le *choix volontaire du bien*. Le cerveau préfrontal apparaît ainsi comme ce qui donne à l'homme par rapport à l'animal une vraie volonté basée sur l'aptitude à réfléchir pour déterminer ce qui est bien et mal, non pas la référence à une morale déséquilibrante, parce que légalisme désincarné, mais en conformité avec la loi même de notre être. De par sa constitution l'homme n'est pas libre de vouloir n'importe quoi, il n'est libre, s'il veut rester normal et sain, que de choisir le bien, avoir une volonté bonne, la santé se confondant avec la sagesse et dans une certaine mesure la sainteté.

Le drame de la condition humaine, c'est qu'il ne suffit pas d'avoir un préfrontal pour vouloir et bien vouloir, il faut apprendre à bien l'utiliser. Or, on doit dire que c'est certainement la zone la plus inutilisée ou la plus mal utilisée et il est regrettable que bien souvent l'homme moderne adorateur de la raison soit sur ce point en retard sur le primitif plus humain, alors qu'il aurait précisément, s'il le comprenait, bien plus de possibilités d'épanouir son préfrontal, ce qu'exige précisément le salut individuel et social des hommes.

La neurophysiologie vient ainsi confirmer la morale. Est-ce bien utile ? Certainement, car la morale ainsi fondée sur la nature humaine devient une valeur commune impossible à nier et, d'autre part, la morale cesse alors d'apparaître un commandement légaliste incompréhensible. Mais la neurophysiologie avec ses indications normatives ne remplace pas plus la morale que la métaphysique. Les considérations neurophysiologiques sur l'homme, loin de tout expliquer, débouchent au contraire sur le mystère de l'être. Conditionnée par le cerveau, la personnalité de l'homme apparaît bien d'une autre nature que nous révèle seule la métaphysique : une telle émergence ne saurait se manifester si elle ne dépendait de l'immersion d'une transcendance. Mais ce n'est pas à la science de nous le dire. Ce qui rentre dans ses nouvelles attributions, c'est seulement de nous préciser les conditions du bien vouloir.

CHAPITRE III

PATHOLOGIE DU CERVEAU ET TROUBLES DE LA VOLONTE

Normal et pathologique.

Quelle que soit sa nature métaphysique propre, la volonté nous est ainsi apparue comme une fonction cérébrale, la pleine volonté, volonté réfléchie de l'homme, n'étant possible que par le seuil de surcomplexité qu'a franchi le cerveau humain donnant au moi cérébral sa pleine dimension et ses pleins pouvoirs. Mécanisme complexe, prise en charge personnelle d'automatismes cérébraux en eux-mêmes involontaires et inconscients, la volonté ne va pas de soi. Il ne suffit pas d'avoir un cerveau humain en principe fait pour vouloir : il faut que ce cerveau soit *normal*, il faut que nous sachions l'*utiliser correctement* pour savoir et pouvoir vouloir. Nous allons donc avoir à examiner deux conditions de l'aptitude à la volonté qui sont à l'origine de deux aspects différents de ses insuffisances et de ses troubles. Il y a des maladies du cerveau qui rendent celui-ci plus ou moins inapte à vouloir et c'est le rôle du médecin et du psychothérapeute de tenter de guérir le cerveau et de redonner une aptitude normale à vouloir. Mais plus nombreux sont les sujets au cerveau normal, tout aussi incapables que les malades de vouloir, parce qu'ils ne savent pas. Ce n'est plus l'affaire du médecin, mais de l'éducateur, même s'il s'agit d'adultes. Le malade et l'ignorant incapables de maîtrise pour des raisons différentes ont un comportement analogue déshumanisé. Il ne suffit donc pas de guérir le malade, mais il faut en plus lui rapprendre ou lui apprendre à vouloir. D'ailleurs, hormis les cas extrêmes, il y a souvent association de déterminismes pathologiques aliénant la volonté et l'ignorance.

Nous commençons à savoir que s'il est objectivement possible de qualifier un comportement de colère ou de paresse, ceci ne doit pas impliquer obligatoirement qu'il s'agit d'un vice ou d'un péché dont celui qui s'y livre serait coupable, c'est-à-dire responsable, s'y livrant librement et volontairement. Il peut s'agir d'un automatisme pathologique incoercible qui supprime ou atténue toute possibilité de maîtrise. Nous n'en continuons pas moins à opposer le malade au bien portant, considérant que seule la maladie supprime la volonté. On se posera la question de savoir si « le coupable est un malade ou un pécheur », sans voir l'illogique d'associer culpabilité ou maladie, car on ne saurait être coupable que pour la part du comportement qui n'est pas entièrement maladive. On parlera de thérapeutique des péchés capitaux, envisageant de remplacer le confesseur par le médecin, on appellera une « morale sans péché » ne retenant de ce dernier que son aspect psychopathologique, la responsabilité fausse et maladive de « l'univers morbide de la faute », croyant qu'il suffit de guérir des malades pour leur rendre volonté et liberté. En fait le dilemme n'est pas entre maladie et péché qui ne sont pas au même plan. Il est entre maladie et ignorance, vraie pathologie et manque d'éducation ou de bon sens. Il ne suffit pas de rendre la santé au malade, il faut en plus qu'il utilise correctement ses aptitudes pour se conduire en homme. L'ignorance, elle aussi, atténue la culpabilité et c'est elle, au fond, qui est aujourd'hui le pire fléau, le fait que les hommes ne sont pas humains, non pas par volonté pécheresse de mal faire, mais par ignorance de la nocivité du mal.

Le péché nous apparaît dans sa pleine dimension qui est religieuse, désobéissance à la loi divine, ce qui permet à l'incroyant de le récuser en affirmant son droit de goûter à toutes « les nourritures terrestres » et de dénoncer les dangers des contraintes moralistes déséquilibrantes. Il est aujourd'hui nécessaire plus que jamais de développer l'aspect naturel du péché et de la morale, de préciser que la liberté n'est pas de faire n'importe quoi ou de s'imposer l'obéissance à une loi morale surnaturelle, mais de comprendre les conditions d'équilibre de notre être. C'est par une ignorance très imprudente que nous croyons possible de vouloir librement n'importe quoi dans une spontanéité fantaisiste ou au contraire de se plier par ascèse ou pénitence à des règles morales qui nous apparaissent opposées à cette fausse spontanéité. La vérité est dans la voie moyenne qui fait adhérer à la morale comme à la loi même de notre être, la condition de la vraie liberté et de la volonté bonne.

S'il est donc nécessaire (mais bien difficile) devant un comportement humain de se poser la question de responsabilité, il ne faut pas avoir de réflexe moraliste, passant d'emblée de la maladie au péché. Il faut d'abord diagnostiquer si on a affaire à un malade, inapte à vouloir le bien, qu'il faut soigner ou à un ignorant qui ne sait pas se comporter correctement et fait sans le vouloir son malheur et celui des autres et qu'il faut éduquer, c'est-à-dire convaincre. Un comportement mauvais résulte toujours d'une mauvaise utilisation cérébrale très analogue, mais dans un cas ou pour une part, il s'agit d'un anormal plus ou moins enchaîné par la maladie, dans l'autre d'un sujet normal qui ne sait pas se conduire normalement, utiliser correctement son cerveau, se conduisant par ignorance comme un malade. Il n'a qu'à vouloir, disons-nous, avec un mépris paternaliste, de qui ne peut se sortir de comportements mauvais, ou alors c'est un malade, qu'il se fasse soigner. Pourquoi oublier que s'il n'est pas malade, c'est le plus souvent un ignorant qui a besoin d'apprendre. Apprendre c'est rendre la vertu naturelle, ce qui ne veut pas dire qu'elle soit facile car rien de ce qui est humain ne sera jamais facile : il y faudra toujours une pénible ascèse, mais une ascèse joyeuse d'accomplissement, bien différente de l'ascèse chagrine de la contrainte moraliste puritaine et manichéenne qui méprise et châtie la chair au lieu de la faire monter en lui donnant son vrai sens.

Il n'est pas dans notre intention de détailler ici toute la pathologie de la volonté, qu'il s'agisse des insuffisances, des aboulies ou des apparents excès où la vraie volonté est tout aussi absente, ni d'entrer dans le détail des troubles psychologiques des déficients de la volonté. Notre intention est simplement de montrer que la médecine et la psychopathologie modernes ont mis en évidence des conditions cérébrales anormales où l'exercice de la volonté est impossible ou freiné, conditions qui ramènent le malade vers des niveaux de comportement infrahumains sans qu'il puisse retrouver toute harmonie de ces niveaux dont l'homme appelé à mieux est définitivement dépourvu. Ceci nous conduira à comprendre comment l'ignorance peut mimer le pathologique, car nous avons en nous des tentations naturelles de dénaturation.

Nous avons à être très prudents quand nous apprécions notre conduite ou celle des autres, car ce qui nous apparaît volontaire n'est le plus souvent qu'illusion trompeuse. Nous avons vu que notre physiologie cérébrale explique que la volonté est la prise en charge, normalement possible mais non obligatoire, d'automatismes cérébraux préexistants. Le malade comme l'ignorant sont également la proie passive de ces automatismes même s'ils ont l'illusion de les vouloir : la différence entre eux c'est que le premier n'a plus ou a moins la possibilité de maîtrise, tandis que l'autre ne l'utilise pas. Si différent, en principe, que soit le normal du pathologique, ils ne sont souvent séparés que par une différence d'intensité : c'est le même déterminisme qui, quand il dépasse un certain seuil, échappe à la volonté, tandis qu'en-deçà de ce seuil, il la rend simplement plus difficile.

A part le sujet complètement aliéné par une psychose qui le retranche du monde, la possibilité de maîtrise variera avec les circonstances d'un moment à l'autre. Le psycho-pathe peut avoir des phases de lucidité où il est responsable, le sujet normal peut ici encore par imprudence et ignorance se mettre dans des circonstances où il perdra toute maîtrise, ne serait-ce que s'il se laisse entraîner par la colère, la sensualité ou s'il s'est livré à un excès d'alcool ou de médication tranquillisante.

Le mérite de la médecine et de la psychologie moderne est de nous avoir montré la *fragilité de la volonté*, en nous sortant de nos illusions. Celui à qui nous serions tentés de faire des beaux sermons est souvent tout aussi irresponsable que la grenouille sans cerveau qui donne l'apparence de la volonté quand elle essuie avec une patte l'acide déposé sur l'autre, un simple automatisme qui dépend de l'harmonie des autorégulations dans sa moelle épinière.

Mais la tentation est alors grande de basculer d'une erreur dans une autre et, après avoir majoré la volonté, de la minimiser ou de la nier. Ce n'est pas parce que statisti-quement les actes volontaires sont rares, de par la maladie ou l'ignorance, qu'il faut oublier que le fonctionnement correct du cerveau humain repose sur l'acte volontaire. La possibilité humaine de liberté ne nécessite, ni la négation des déterminismes, ni leur acceptation, mais le devoir d'apprendre à les maîtriser.

La liberté, reposant sur une fonction du cerveau, sera compromise par tout trouble de ce fonctionnement. C'est donc toute la neuropsychiatrie qu'il faudrait passer en revue pour saisir les multiples aspects de la pathologie de la volonté. Nous nous contenterons d'évoquer l'influence des lésions cérébrales, puis celle des perturbations de l'équilibre du milieu intérieur qui empêchent le fonctionnement correct du cerveau; nous verrons ensuite comment la volonté est entravée dans les perturbations de l'harmonie fonctionnelle cérébrale dans les névroses et la fatigue nerveuse.

Volonté et maladies du cerveau : apraxies, perte de l'initiative motrice, dédoublement de la personnalité.

Une lésion localisée du cerveau peut-elle altérer la volonté ? Nous savons que la volonté ne se localise pas dans ces mécanismes d'exécution que sont les zones motrices cérébrales et les divers étages-moteurs. Le sujet qui veut et ne peut pas souffre de sa paralysie, que celle-ci soit complète comme dans les lésions médullaires ou qu'il s'agisse d'une atteinte de l'aire motrice responsable des mouvements précis ou des circuits praxiques de la zone prémotrice conduisant à une simple impossibilité du geste appris. La permanence dans ces cas de la volonté et de la conscience a une grande importance pratique. Si, en effet, la volonté ne fera pas le miracle de reconstituer des structures détruites, elle possède le pouvoir de favoriser la reprise fonctionnelle de structures simplement inhibées, de permettre d'utiliser au maximum les possibilités de suppléance, de favoriser même les phénomènes de régénération périphérique. On sait combien la volonté, dynamisée par l'espoir et la confiance, joue un rôle dans la rééducation par exemple chez les poliomyélitiques où les paralysies dépassent à l'origine les pures lésions irréparables. Un jour est proche où le progrès des prothèses permettra de faire commander leurs mécanismes par les influx nerveux cérébraux du paralysé. Il est très important de noter le maintien d'une image cérébrale normale du moi chez de nombreux paralysés ou mutilés, car nous avons vu son importance dans la physiologie cérébrale de la motricité. Même née comme ça, Denise Legrix, congénitalement sans bras ni jambes, témoigne qu'elle se sent normale car ses structures cérébrales ne sont pas mutilées et elle possède en son cerveau la notion normale du corps humain. Au contraire certaines lésions cérébrales plus ou moins localisées dans la zone gnosique pariétale entraînent des troubles plus ou moins graves de la conscience du corps. C'est par exemple *l'anosognosie* de certains hémiplégiques qui ont perdu la conscience du membre paralysé et nient son appartenance à leur corps. C'est à un degré de plus la pathologie psychiatrique de *l'héautoscopie*, où l'image du corps devient hallucination positive de la présence d'un autre ou hallucination négative qui supprime l'image du sujet dans le miroir, ce drame vécu et décrit par Maupassant.

Un cas particulier de paralysie motrice cérébrale est celui des *aphasiques* incapables des mécanismes moteurs de la seule phonation. On distingue classiquement les aphasies localisées comme *l'aphasie motrice* qui empêche l'articulation des mots : le sujet est silencieux car il ne peut articuler par lésion de la zone motrice correspondante; ou les aphasies sensorielles du type de la surdité verbale, impossibilité de reconnaître les mots entendus. Mais le plus souvent des lésions plus généralisées du cerveau dominant conduisent à une *aphasie sensorielle* de type Wernicke où le sujet, capable d'articuler, ne peut trouver les mots corrects. On a parlé de perte du langage intérieur. En réalité, comme l'a montré Alajouanine, il s'agit plutôt de l'impossibilité d'*évoquer volontairement* les mots. Ceux-ci sont utilisés au plan des automatismes de la pensée mais ne peuvent être évoqués pour s'exprimer que dans le cas où il s'agit de formules automatiques comme une locution proverbiale. Une malade ne peut dire le nom de sa fille, mais l'appelle correctement pour lui faire remarquer son incapacité. C'est à partir de l'utilisation de tels restes automatiques qu'on conduit aujourd'hui la rééducation qui est reprise en charge de la verbalisation cérébrale par la volonté.

La même distinction entre des lésions simples des mécanismes d'exécution et des troubles plus graves où la prise de conscience, le niveau psychologique sont plus impliqués, se constate dans les autres apraxies. On a distingué classiquement entre l'*apraxie idéomotrice* où le malade ne peut exécuter correctement les gestes simples qu'on lui commande, simple trouble d'exécution, et l'*apraxie idéatoire,* incapacité « d'établir le plan de l'action nécessaire au but proposé bien que la cinétique segmentaire soit intacte ». Dans ce dernier cas, par exemple il y aura impossibilité de s'y prendre convenablement pour allumer une bougie avec une allumette. Il s'agit d'un trouble psychique qui n'est en rien perte d'intelligence, mais troubles de l'attention, de la mémoire, de l'association des idées. Morlaas a montré l'importance d'une agnosie d'utilisation, incapacité non de reconnaître les objets, mais de les manier et de les utiliser correctement, toujours l'importance de la sensibilité au service de la motricité. Ici aussi, les gestes automatiques sont moins troublés que les gestes volontaires. Le malade peut donner l'impression de ne pas vouloir, c'est parce qu'il se rend compte de son incapacité d'exécution, qu'elle soit purement motrice ou qu'elle concerne la préparation mentale de l'acte.

Il existe au contraire un trouble fréquent dans de nombreuses affections mentales où la maladie n'est pas dans l'exécution qui est correcte, mais dans une impossibilité de vouloir qui dépend d'une *perte de l'initiative motrice*. C'est le mérite de Baruk d'en avoir précisé la base cérébrale grâce à l'expérimentation animale. Il réalisera en 1928 la *catatonie* par la bulbocapnine, un alcaloïde végétal, chez divers animaux qui, sous cette influence gardent les positions les plus étranges et les plus inconfortables dans lesquelles on les place. « Le chat ne bouge pas, même si on le pince, si on le menace ou si on approche une flamme de sa moustache. Si on veut le pousser en avant, il résiste et présente du négativisme. Souvent on ne peut le pousser que comme un bloc de façon passive, quelquefois il avance d'un pas puis reprend aussitôt le négativisme. Toutefois si l'équilibre de l'animal est menacé, il est capable de faire tous les mouvements de rétablissement : par exemple, si on place les pattes de devant et d'arrière sur deux chaises, et qu'on écarte brusquement ces chaises, l'animal saute avec aisance comme un chat normal, mais redevient ensuite pétrifié sur le sol. Quelquefois même, le chat s'arrête brusquement au cours du saut et reste immobilisé les pattes de derrière sur la chaise et les pattes de devant sur le sol. » Il est intéressant, nous précise encore Baruk, de réunir une série d'animaux en catatonie expérimentale, chat, souris, singe, oiseaux. Ces animaux restent pétrifiés comme des statues ou des poupées articulées, puis lorsque l'effet de l'intoxication est terminé, brusquement le chat se jette sur la souris pour la dévorer, les oiseaux s'envolent et le singe se remet à fuir et à grimper. » Le phénomène dépend de l'écorce cérébrale car il est absent chez les vertébrés inférieurs qui ne manifestent que de l'engourdissement, de la paralysie ou des secousses convulsives. Il a été possible de produire des manifestations analogues par diverses substances chimiques et notamment des toxines microbiennes comme la toxine colibacillaire. Ainsi « certains toxiques peuvent agir sur la volonté et la paralyser ». « Cette notion a des conséquences considérables en psychologie : en effet en présence d'un trouble pathologique de la volonté, on garde la même tendance qu'en présence d'une « mauvaise volonté » ou d'une « paresse » et cette attitude est aussi bien celle du malade que celle du médecin : le malade est honteux de sentir qu'il perd l'initiative et il s'en fait de terribles reproches... Quant au médecin, il a tendance, de même que l'entourage, au lieu de chercher les causes de ce manque de volonté, à accentuer les reproches et le sentiment de culpabilité du malade en l'exhortant à « se remonter », à « faire preuve d'énergie » et à montrer de la volonté... Une autre tendance des malades atteints dans leur initiative volontaire consiste à mettre ce trouble non pas sur leur propre faute, mais sur la faute des autres : un tel phénomène est alors considéré comme l'effet d'une action malveillante s'exerçant par des rayons, par de l'hypnose ou des moyens surnaturels. Ces deux attitudes relèvent de la même idée, à savoir que la volonté est généralement considérée comme une entité métaphysique particulière indépendante des causes habituelles de maladie, et que l'on croit trop souvent que son atteinte ne peut relever que de la paresse ou d'une action mystérieuse ou surnaturelle ». De par l'intoxication cérébrale l'animal traité ou le malade mental se trouve coupé de relations normales avec ce monde extérieur dans lequel il ne peut agir. C'est un des signes importants de l'autisme introverti de la démence précoce ou schizophrénie.

Cette rupture d'avec le monde extérieur qui ne se manifeste pas seulement dans la perte de l'initiative volontaire, mais aussi dans des impulsions incoercibles qui n'ont que les apparences d'un excès de volonté, puisqu'elles dépendent d'une conscience aliénée, n'est pas propre à la seule pathologie psychiatrique. Le *sommeil*, ce repos périodique du cerveau, comporte comme signes principaux résultant de l'inhibition et de la désorganisation cérébrale la perte de la volonté et de la conscience. Si dans le sommeil profond toute activité cérébrale est suspendue, il n'en est pas de même dans le sommeil plus léger où peut subsister l'activité anarchique et coupée du réel du *rêve*. Assistant en spectateur au déroulement du rêve, le moi du rêve peut y participer dans une apparente volonté purement imaginaire. Cependant dans les cas extrêmes, cette volonté devient effectivement motrice dans le rêve vécu du *somnambulisme*. D'autre part, dans l'endormissement et le réveil se réalisent des déséquilibres voisins de ceux de la psychopathologie : c'est ainsi que la conscience peut être plus résistante que la volonté et que le sujet encore conscient ou réveillé peut ressentir une inaptitude à agir dans l'euphorie de l'endormissement, soit dans l'angoisse de se sentir paralysé de la *cataplexie* du réveil. Ceci confirme la nécessité d'un fonctionnement cérébral correct pour l'exercice de la vraie volonté.

Sous l'effet de psychodysleptiques facteurs d'hallucinations comme la mescaline, le sujet est d'abord conscient, puis finit dans un second stade par vivre dans un état de rêve ses hallucinations. C'est cette irréalité d'un monde imaginaire où l'effort n'existe pas, la volonté inutile qui est à l'origine de la toxicomanie.

Si les activités somnambuliques sont normalement limitées, dans les cas extrêmes, on arrive au *dédoublement de la personnalité* où alternent deux activités contradictoires apparemment normales, une des volontés étant au service de la conscience vigile, l'autre de l'inconscient. De tels cas ne sont pas spécifiques de la seule pathologie du sommeil, mais se manifestent comme manifestations d'états épileptiques où les crises convulsives sont remplacées par des *équivalents* : fugues inconscientes, crises de somnolence, impulsions subites. La neurophysiologie moderne, en cherchant à comprendre les effets thérapeutiques des comathérapies convulsivantes (insuline, cardiazol, électrochoc), a mis l'accent sur le rôle des centres régulateurs de la base du cerveau dans ces phénomènes, ces mêmes centres qui sont impliqués dans la physiologie du sommeil et de la vigilance. Si la volonté dépend de l'écorce cérébrale, elle exige un fonctionnement harmonieux de cette écorce qui est sous la dépendance de la régulation par les centres de la base du cerveau.

Equilibre du milieu intérieur et volonté.
Les troubles hormonaux.

Le fonctionnement correct des centres régulateurs, comme de l'écorce elle-même, dépend du bon état fonctionnel des neurones; il importe donc que les aliments voulus soient fournis et les déchets toxiques éliminés afin que la matière vivante soit dans de bonnes conditions. La perte d'initiative motrice par intoxication n'est donc qu'un cas particulier de paralysie élective du vouloir, mais en fait toute perturbation excessive en plus ou en moins des caractères physiques ou chimiques du milieu intérieur supprimant les conditions optima du bon équilibre nerveux s'opposera à l'exercice correct de la conscience, du jugement, de la volonté. Dans les cas extrêmes le cerveau sera stoppé et le sujet dans le coma; si le trouble est moindre, le sujet semblera normal, mais un examen attentif ou une situation difficile montreront son incapacité à juger, à se décider, à faire l'effort d'agir. Il sera mis par les conditions de milieu dans la pathologie mentale. C'est l'exemple que nous avons évoqué précédemment des effets du manque d'oxygène en altitude qui se retrouve pour tous les troubles du milieu intérieur, manque ou excès d'un aliment ou d'un déchet. Car le trop est préjudiciable comme le manque. Notre cerveau ne fonctionne correctement que dans des conditions *optima*. Il faut assez d'oxygène, mais trop de ce gaz vital est toxique : l'oxygène sous pression en nage sous-marine conduit à des manifestations épileptiques auxquelles s'ajoute l'ivresse des profondeurs due à l'action narcotique de l'excès d'azote et, en partie, de gaz carbonique qui fait oublier la situation et conduit le nageur à enlever son masque. Le gaz carbonique, déchet respiratoire, est dangereux en excès et joue un rôle dans l'asphyxie, mais nos cellules ont besoin de la quantité normalement présente dans le sang de par les mécanismes de la respiration : un abaissement excessif facteur d'alcalose gazeuse conduit à des convulsions tétaniques : la respiration exagérée en rythme et amplitude (hyperpnée) modifie l'activité électrique du cerveau et révèle le tempérament épileptique. En dehors des conditions normales de température assurées par des mécanismes thermorégulateurs précis, l'hypothermie, facteur de ralentissement psychique et de coma, comme l'hyperthermie, source de délires, s'opposent à la maîtrise de soi.

Tout ce qui trouble le fonctionnement cérébral agira de même, qu'il s'agisse d'un manque de sang, d'une insuffisance circulatoire ou respiratoire, ou qu'il s'agisse d'une modification spécifique en tel facteur précis. La maîtrise de soi exige la santé du cerveau. S'il est facile de mettre en évidence la répercussion des perturbations les plus graves, il faut savoir que la sensibilité du cerveau et des centres régulateurs est extrême et que tout ce qui agit sur l'organisme se manifestera par un déséquilibre nerveux latent que révèlent certaines méthodes d'évaluation sensibles de l'équilibre nerveux comme la mesure des temps d'excitation électrique des nerfs (*chronaxies*). Seuls certains rongeurs sensibles font sous l'effet du bruit une crise épileptique dite *audiogène* parfois mortelle, mais la mesure des chronaxies montre la généralité de l'action déséquilibrante des bruits sur les centres nerveux en particulier chez l'homme [1]. On sait l'importance des vitamines fournies par une saine alimentation pour le bon fonctionnement cellulaire : la pathologie a révélé les troubles nerveux dus à la carence de certaines vitamines comme les crises et polynévrites du béribéri ou la folie pellagreuse. Une mère carencée en vitamine PP antipellagreuse, parce qu'elle se privait de viande sous l'occupation pour la donner à ses enfants, manifesta une aversion psychopathologique irresponsable pour ces enfants que l'administration de la vitamine guérit. Ici encore la chronaximétrie révèle qu'il faut un optimum de toutes les vitamines pour un bon équilibre nerveux et qu'un excès comme un manque sont une source d'un déséquilibre latent qui, s'il ne se manifeste pas par des effets spectaculaires comme dans les cas précédents, n'en sera pas moins source de difficultés.

A côté des vitamines, on sait que le sang apporte au cerveau d'autres molécules indispensables qui sont les *hormones* produites par les glandes endocrines. Un manque d'hormone par insuffisance endocrinienne, comme un excès par hyperfonctionnement tumoral ou administration thérapeutique excessive, perturbent toute l'activité nerveuse. Notre désir d'effort volontaire, notre tendance à l'activité ou à la colère et inversement notre refus de l'effort, notre paresse, notre apathie ont bien souvent leur cause dans la pathologie endocrinienne : avant les remontrances et les conseils moraux, il faut faire un bilan endocrinien. Cet

[1] Mais le silence total (chambre insonore) est déséquilibrant : toujours l'optimum.

enfant paresseux ou colérique est en fait un malade. On ne lui injectera pas de la volonté ou du calme, mais en lui administrant les hormones voulues, on lui rendra l'équilibre nerveux lui permettant volonté ou calme. La maîtrise de soi exige un tonus nerveux optimum et celui-ci dépend d'hormones variées. C'est d'abord l'hormone thyroïdienne, hormone d'activation cellulaire dont l'excès conduit à l'hypernervosité et l'absence de maîtrise de la maladie de Basedow, dont le manque provoque le ralentissement du myxœdème de l'adulte et l'idiotie de l'enfant. Ce sont les hormones de la glande surrénale, l'adrénaline de la médullo-surrénale, hormone de l'effort et de l'émotion, les hormones stéroïdes de la corticosurrénale régulatrices du chimisme cellulaire dont l'absence est aussi facteur de fatigabilité excessive. Une carence surrénale est la grande cause des fatigues et c'est en épuisant la surrénale que les chocs les plus variés nous déséquilibrent.

Sans passer en revue toutes les hormones qui sont toutes importantes pour l'équilibre nerveux, signalons encore les hormones sexuelles : la différence de force entre mâle et femelle tient à l'influence respective de la testostérone et de la folliculine. A l'équilibre permanent de l'hormone mâle répond le cycle féminin ovarien qui soumet la femme aux deux déséquilibres caractériels des règles et de l'ovulation quand la folliculine l'emporte sur la progestérone et inversement. S'il est normal d'être soumis à ces influences, la pathologie endocrinienne, en les majorant, conduit à de graves insuffisances ou impossibilités de maîtrise de soi qui aliènent la liberté et où la responsabilité est atténuée.

Le système nerveux, s'il est soumis passivement aux troubles endocriniens, peut aussi être responsable de leur déclenchement qui le perturbera. Pour faciliter l'effort, le système nerveux déclenche, soit directement par l'innervation orthosympathique des glandes endocrines comme la médullo-surrénale, soit indirectement par l'intermédiaire des hormones hypophysaires, la production d'hormones. Demandant un effort excessif aux glandes, il peut les épuiser et les rendre insuffisantes. Un cercle vicieux s'établit ainsi entre hormones et système nerveux. L'émotivité excite thyroïde et surrénale qui accroissent par leurs hormones l'émotivité. Toute l'endocrinologie sexuelle est sous la dépendance du psychisme.

Y a-t-il des médicaments de la volonté ?

Cette chimie des désordres de la volonté explique l'existence de *médicaments dits de la volonté*. On peut calmer ou activer un système nerveux déséquilibré soit en corrigeant le facteur spécifique de déséquilibre, soit en administrant une substance étrangère calmante ou excitante. Nous connaissons de mieux en mieux le mode d'action neurophysiologique des médicaments et nous disposons de médicaments de plus en plus électifs sur tel aspect du comportement. Des progrès sont aussi faits dans la connaissance des désordres neurochimiques base des déséquilibres et on commence à comprendre les mécanismes chimiques intimes de l'action des médicaments nerveux qui sont souvent actifs sur la chimie spécifique de la transmission des influx entre les neurones qui fait intervenir des substances variées avec des enzymes activatrices et destructrices. Bien des inconnues demeurent et la thérapeutique reste très empirique et imprécise. Il ne faut pas en attendre la solution miraculeuse de facilité de la volonté en pilules et sans effort. Personnalisation de la conduite par une utilisation correcte du cerveau, la volonté ne sera jamais créée par un médicament. Ce que peut le médicament, c'est calmer un déséquilibre nerveux et, en rétablissant un fonctionnement correct, rendre l'aptitude à la volonté par exemple en tranquillisant, calmant une émotivité anormale. Mais il ne faut pas oublier que l'action médicamenteuse est toujours le premier stade d'une action toxique et qu'il faut être prudent et réserver les médicaments aux circonstances exceptionnelles et aux maladies. L'erreur actuelle est de demander aux médicaments ce qu'on devrait attendre d'un effort personnel d'hygiène et de maîtrise. Permettant d'éviter l'effort, ils nous rendent incapables d'effort, ils font de nous des déséquilibrés ayant le faux besoin artificiel du toxique, notre cerveau déséquilibré ne trouvant plus son équilibre qu'au prix d'une intoxication. Le coup de fouet de l'alcool rend au fatigué le courage de vivre et d'agir, mais ce vouloir artificiel transitoire l'assujettit au toxique et le conduit à l'intoxication alcoolique avec sa perte totale de maîtrise de soi. Sagement utilisés, les médicaments (et l'alcool ou le café en sont) permettent de vouloir vraiment et ainsi de se passer d'eux; pris avec excès ils sont de vrais toxiques de la volonté supprimant toute maîtrise après en avoir donné la trompeuse et facile apparence. Rien ne nous dispensera jamais de l'effort de se conduire en homme.

Volonté et névroses.

Mais il est une autre source de comportements pathologiques s'opposant à l'exercice de la volonté où le cerveau n'est ni lésé, ni soumis à des conditions anormales et où cependant la maîtrise n'est pas possible. Ce sont les comportements névrotiques dont la psychanalyse nous a précisé l'origine, la neurophysiologie venant maintenant nous en faire comprendre les mécanismes nerveux. Dans les psychoses il y a un trouble grave de la conscience personnelle; il est possible que des désordres de la chimie du cerveau y jouent un rôle important. Dans les névroses le sujet est normal, mais manifeste dans certaines circonstances des conduites rationnellement inexplicables : il est sujet à des impulsions incoercibles ou à des inhibitions non moins contraignantes : il ne peut s'empêcher de faire certaines choses et d'autres comportements lui sont impossibles.

Nous retrouvons ici dans le pathologique une accentuation du normal telle que nous passons de l'ordre de la tentation à celui de l'aliénation. Notre europhysiologie normale nous privait de volonté dans le sommeil, nous limitait par les influences hormonales et ces conditions normales rendaient possible toute une pathologie psychiatrique de la volonté. De même, nous avons vu que le fonctionnement cérébral est en lui-même un automatisme inconscient, la prise de conscience étant un processus supérieur surajouté. On ne peut normalement être conscient de tout, des mécanismes élémentaires des sensations ou de la pensée, du travail cérébral inconscient qui surgit brusquement dans les intuitions, de tout ce fonctionnement viscéral qui échappe constitutionnellement quand il est normal à la conscience et à la volonté. Parmi nos souvenirs, beaucoup sont oubliés, pour d'autres nous ne nous en souvenons que quand des circonstances imprévues en provoquent le rappel. Le mérite de Freud, le fondateur de la psychanalyse, a été de montrer que certains aspects inexplicables de nos comportements, certains traits de caractère, certaines maladies dites psychosomatiques avaient leur origine dans l'inconscient. Tous les souvenirs dont nous n'avons pas conscience ne sont pas oubliés ou à l'état de possibilités virtuelles dans quelque stockage cérébral dont nous ne connaissons pas encore bien le mécanisme. Il y a des souvenirs présents en notre cerveau, mais dont la prise de conscience est impossible par suite d'une inhibition qui est nommée *refoulement*. Un tel souvenir, isolé du psychisme conscient, est un *complexe* qui se manifestera par des manifestations névrotiques, une impulsion ou un dégoût incoercible, un trouble viscéral qui fera penser à une maladie organique. Le refoulement, bien que facteur de désordres névrotiques, est un mécanisme de défense qui élimine des souvenirs liés à un choc affectif de l'enfance. Devant un défaut, il ne suffit donc pas de faire un bilan organique éliminant par exemple les glandes endocriniennes, il faut faire aussi un bilan psychologique. La névrose apparaît comme une fuite dans la maladie camouflant un complexe inconscient. Si cet enfant est paresseux sans raison endocrinienne, avant de qualifier sa paresse de péché, voyons s'il n'est pas inhibé par un déséquilibre névrotique provenant par exemple d'une jalousie refoulée due à la naissance d'un petit frère qu'on n'a pas su lui faire accepter.

La lente confession psychanalytique, l'interprétation des rêves, éventuellement la facilitation par les hypnotiques dans la narcoanalyse où l'inhibition généralisée du cerveau supprime les inhibitions des refoulements, conduit à reconnaître l'origine des manifestations névrotiques et psychanalytiques tout en permettant, par la prise de conscience, — qui est reprise en charge par la synthèse cérébrale personnalisante —, d'en supprimer les manifestations déséquilibrantes. Là où techniquement la psychanalyse voit le conflit du conscient et de l'inconscient, la neurophysiologie pavlovienne nous a accoutumé à percevoir les mécanismes cérébraux du conflit entre l'excitation et l'inhibition, facteur d'angoisse, et la répercussion sur les centres régulateurs de la base du cerveau, responsables de l'équilibre viscéral, de tout ce qui est maintenu à l'écart de la prise de conscience. Qui dit psychosomatique dit *corticoviscéral*, interaction entre écorce cérébrale et centres hypothalamiques de l'équilibre viscéral, de la sagesse du corps. La psychanalyse nous a appris une grande prudence quand il s'agit de spontanéité, de volonté et de responsabilité. Si la liberté devait être située dans quelque fissure entre les déterminismes, il n'y aurait pas de place pour la liberté, car nos comportements les plus spontanés peuvent trouver leur origine dans les motivations de l'inconscient. Mais être libre, ce n'est pas ne pas avoir de déterminismes, c'est être capable de les maîtriser, ce que peut le cerveau normal, ce que ne peut pas ou ne peut qu'insuffisamment le cerveau névrosé.

Hypnose et suggestion.

Ce cerveau névrosé est un cerveau *faible,* qu'il tienne cette faiblesse de sa constitution qui le rendait apte à une plus grande fragilité devant les facteurs névrosants ou qu'il ait été affaibli par le choc émotif névrosant. Un cerveau faible n'est pas simplement un cerveau moins apte aux efforts volontaires, susceptible de s'illusionner en prenant pour volonté l'obéissance aux automatismes incoercibles venus de l'inconscient, c'est en plus un cerveau ouvert à l'influence d'autrui c'est-à-dire susceptible d'être *suggestionné,* c'est-à-dire d'exécuter la volonté d'autrui en l'assumant personnellement sans réflexion, la suggestion apparaissant comme l'inverse de la persuasion et de la conversion qui est adhésion rationnelle et réfléchie à une argumentation. Les névrosés, et en particulier les hystériques, sont spécialement suggestionnables, un cas particulier étant celui de l'autosuggestion, facteur de bien des symptômes névrotiques. Un cas particulièrement spectaculaire est celui de la *suggestion posthypnotique,* où le sujet à qui on a dit sous hypnose d'accomplir tel acte à tel moment ultérieur quand il serait réveillé, l'accomplit sous la commande d'une intuition qu'il assume personnellement alors qu'il s'agit de l'influence inscrite dans son inconscient d'une volonté étrangère, efficace du moment qu'elle n'impose pas des actes trop contraires à la morale de l'intéressé. Les manifestations spectaculaires de l'hypnose qui furent à l'origine des pseudo-sorcelleries et pseudo-possessions sont le fait de névrosés au cerveau faible, mais les sujets plus normaux ne sont pas capables de phénomènes aussi spectaculaires qui s'accompagnent de sommeil hypnotique où la vigilance se borne à la relation avec l'hypnotiseur. On peut cependant abaisser la résistance cérébrale d'individus normaux moins suggestionnables. C'est ce que permettent les hypnotiques utilisés dans la *narcoanalyse*. Celle-ci, quoique levant les refoulements, n'est donc pas le fameux *sérum de vérité*; une possibilité de résistance et de mensonge subsiste. Surtout le malade devient suggestionnable et on peut lui faire avouer n'importe quoi. Ce que les journalistes ont appelé du terme expressif de *lavage de cerveau*, c'est l'ensemble des pratiques neurophysiologiques et psychosociologiques qui permettent scientifiquement de diminuer la résistance cérébrale, d'affaiblir la volonté et de soumettre hypnotiquement le sujet à une volonté étrangère, contraire à ses convictions, une pratique qui n'a pas d'efficacité définitive sauf maintien du conditionnement, mais qui se révèle profondément choquante et déséquilibrante. Ici encore, si l'hypnose peut être très utile dans diverses affections psychosomatiques, elles n'est pas à recommander chez les sujets normaux. Sur la même connaissance des lois pavloviennes de la neurophysiologie du cerveau humain, on a pu ainsi construire, soit une action déshumanisante visant à diminuer conscience et volonté, soit une action surhumanisante tendant à donner à chacun une meilleure possibilité de vraie volonté, non en le suggestionnant, c'est-à-dire diminuant sa conscience, mais en lui expliquant rationnellement, en lui apprenant, en augmentant sa conscience, ce qui est, par exemple, le cas de l'accouchement sans douleur par la méthode pavlovienne psychoprophylactique, où, en apprenant à la femme à diriger elle-même son accouchement dans le refus de préjugé social de la douleur, par le fait même, son accouchement devenu volontaire et conscient, c'est-à-dire humanisé, n'est plus douloureux.

Il y a là un exemple qu'il faudrait généraliser. Le médecin

n'a pas à faire abstraction du psychisme, ni à suggestionner son malade; il a à lui expliquer et lui demander sa collaboration personnelle à l'acte de guérison.

La psychochirurgie et ses dangers.

Une pratique analogue au lavage de cerveau, mais infiniment plus grave, consiste dans les opérations de *psychochirurgie*. Ici la transformation de la personnalité repose sur une mutilation cérébrale définitive qui porte précisément sur la partie la plus essentielle du cerveau humain, la région *préfrontale* de la maîtrise de soi qui est éliminée par déconnexion de façon bilatérale. Enlever la région préfrontale par lobotomie, qu'il s'agisse de leucotomie ou de topectomie, c'est supprimer ou diminuer l'aptitude à la maîtrise libre, à l'inquiétude humaine qui se préoccupe d'un avenir meilleur. Le sujet a perdu l'aptitude à la pleine dimension de sa volonté, il est plus facile à suggestionner. Les uns en souffrent beaucoup, les autres sombrent dans une euphorie indifférente qui leur cache leur diminution. S'il s'agissait d'individus normaux, une telle mutilation serait évidemment inadmissible : on ne convertit pas quelqu'un en le rendant inapte à vouloir, mais en lui faisant saisir le bien personnellement. Il ne faut pas oublier que de telles opérations concernent des malades mentaux atteints d'une incapacité à une vraie volonté que supprime ou mutile l'inquiétude pathologique. L'opération apparaît ici comme un moindre mal qui supprime un trouble au prix d'une insuffisance : l'inquiétude anormale fait place à une placidité exagérée. Ceux qui s'y sont opposés comme Baruk avaient entièrement raison dans la mesure où on pouvait attendre du progrès une meilleure solution. On sait comment, aujourd'hui, de telles opérations reculent devant le progrès des tranquillisants et thymoanaleptiques qui apaisent les manifestations pathologiques et permettent sur un sujet calmé de son agitation ou de son calme maladifs de recourir à une psychothérapie ou une rééducation par le travail (ergothérapie) ou le jeu en commun, bien plus humaine. A condition toutefois que les médicaments ne soient qu'un stade transitoire et qu'on n'aboutisse pas à ces excès symbolisés par l'expression camisole de force chimique ou lobotomie chimique où il ne s'agit plus de rééduquer conscience et volonté, mais de suppléer aux déficiences de la vraie volonté en calmant artificiellement les impulsions pathologiques.

La gaucherie contrariée.

Ce n'est pas seulement le conflit névrosant de l'excitation et de l'inhibition dans les refoulements qui empêche la pleine maîtrise de soi. Il se manifeste des désordres analogues, soit sur le plan psychologique, soit sur celui des répercussions psychosomatiques, quand le conflit n'a pas une origine psychologique. On sait que normalement il existe un hémisphère dominant, celui du langage, le gauche chez les droitiers. Si on oblige quelqu'un à se servir en premier de l'hémisphère dominé, ce qui est le cas des gauchers qu'on oblige à écrire de la main droite (*gaucherie contrariée*) ou des sujets qui doivent utiliser en priorité l'oreille non directrice (Tomatis), il se produit un conflit entre les deux hémisphères qui est source de bégaiement et de manifestations névrotiques et psychosomatiques que corrige le rétablissement du rôle directeur de l'hémisphère dominant.

La fatigue nerveuse.

Les déficiences de la volonté chez un sujet éduqué ne tiennent pas aujourd'hui uniquement à ces conflits neurologiques d'origine névrotiques ou non. Il existe un facteur d'abaissement des pouvoirs du cerveau qui, moins pathologique, finit par se répandre de plus en plus. Si nous n'arrivons plus à l'effort de vouloir, ce n'est pas uniquement à cause de la pathologie du cerveau, de la pathologie hormonale ou des névroses, c'est que nous nous mettons imprudemment dans des conditions de vie épuisantes où notre cerveau déséquilibré par notre manque de sagesse n'est plus capable d'assurer la direction consciente et volontaire de notre conduite.

Cette cause supplémentaire d'impossibilité de vouloir, c'est la *fatigue*. Non pas la fatigue physique musculaire traditionnelle qui obligeait au repos et au sommeil, mais l'aspect moderne de la fatigue qui est la *fatigue nerveuse*, le surmenage et l'épuisement. On a pu décrire des névroses de fatigue : ce sont des pseudo-névroses, c'est-à-dire que ce ne sont pas des conflits psychologiques et des refoulements qui sont névrogènes, mais les conditions de vie. Si les standardistes succombent à la fatigue ce n'est pas par manque d'équilibre, mais par conditions inhumaines de travail dans le bruit, la multiplicité des tâches, la productivité, le contrôle autoritaire et incompréhensif. Pour les sortir de ce déséquilibre qui les oblige, après le travail, à se détendre soit dans le repos total soit dans une marche énervée, pour leur rendre leur maîtrise, il ne s'agit ni de les psychanalyser, ni de les bourrer de calmants, il s'agit d'humaniser leur travail et, en attendant d'accroître leur résistance.

La neurophysiologie moderne nous explique bien ce paradoxe du progrès d'une fatigue qui devient de plus en plus nocive alors que l'automatisation généralisée du travail et de la vie devrait soulager notre fatigue. Nous avons dans la base de notre cerveau des centres régulateurs responsables de l'harmonie, tant des fonctions cérébrales que du fonctionnement de tout notre organisme. Ils assurent la sagesse de notre corps au prix d'un *effort d'adaptation* que nous avons le tort d'ignorer, si bien que nous leur demandons des efforts exagérés tels que notre manque de sagesse nous conduit au déséquilibre et à la pathologie les centres de l'harmonie. Nous savons aujourd'hui scientifiquement ce que c'est que d'être énervé, crispé et ce qu'il faut faire pour y remédier, ramener au repos les centres régulateurs perturbés. C'est un déséquilibre analogue, un effort analogue de l'organisme que de monter rapidement un escalier surtout si nous ne sommes pas entraînés, ou de se faire un souci angoissé, car ce sont les mêmes centres régulateurs responsables de l'harmonie du corps qui déclenchent l'accélération respiratoire et circulatoire profitable à qui monte l'escalier et les perturbations somatiques de l'émotion. Toute l'harmonie cérébrale exige un bon fonctionnement de ces centres régulateurs responsables de la vigilance et de l'attention : si la fatigue énerve ces centres nous ne serons plus capables d'une conscience et d'une volonté correctes. L'épuisement nerveux est le grand facteur de l'impossibilité de maîtrise de soi dans le monde actuel. Loin qu'il faille excuser l'absence de maîtrise par l'énervement et tenter d'y remédier par l'alcool ou les tranquillisants, il faut au contraire rétablir la possibilité de maîtrise en changeant les conditions inhumaines de vie, tout en apprenant à chacun ses ressources personnelles cérébrales inemployées de détente et de lutte contre la fatigue nerveuse qui sont en même temps le secret de la vraie volonté (méthodes de relaxation, étudiées plus loin).

Une mauvaise compréhension, et des implications de la psychanalyse et de la signification de la morale, a conduit à penser que la morale était déséquilibrante en s'opposant aux tendances naturelles de l'être, l'origine des refoulements étant dans la barrière contraignante imposée sociologiquement par un surmoi déséquilibrant. La vérité est que ce n'est pas la morale qui est déséquilibrante, mais sa caricature légaliste, dans la mesure où nous opposons la morale à de faux instincts naturels qui sont des préjugés sociaux. Bien au contraire, la morale nous apparaît aujourd'hui de plus en plus comme une hygiène d'ordre supérieur nécessaire pour notre équilibre et garantie d'un fonctionnement cérébral normal permettant vraie liberté et volonté. Les facteurs de la fatigue nerveuse, ce sont des fautes d'hygiène dues à notre ignorance des conditions de l'équilibre humain. Comment garder un cerveau équilibré quand les conditions de la vie moderne nous mettent dans un milieu impropre à l'équilibre, qu'il s'agisse du manque d'oxygène d'un air infesté de gaz d'échappement ou de fumées, qu'il s'agisse du bruit, le grand facteur de la fatigue nerveuse dont nous avons évoqué l'action déséquilibrante sur les centres régulateurs, ou qu'il s'agisse des conditions sociologiques de relations humaines déshumanisées où l'individu est, suivant le moment, trop libre ou trop contraint, noyé dans une foule, alors que l'équilibre psychosomatique humain exige une communauté fraternelle. Ce qui est étonnant, ce n'est pas que si nombreux soient les déséquilibrés inaptes à la volonté, c'est que dans les conditions de vie qui sont les nôtres, il y en ait encore qui soient capables de garder leur équilibre. Ceci ne doit pas conduire à regretter un passé où les conditions primitives de vie ne permettaient pas non plus l'équilibre, mais à déplorer que l'amélioration de nos connaissances qui permettrait une vie plus humaine aboutisse en fait à l'inverse d'un vrai progrès, parce que l'équilibre de l'homme a été négligé au profit des prouesses techniques et de l'économie. Notre fatigue et ses conséquences, toutes les maladies et névroses de la civilisation devraient, bien comprises, être pour nous un signal d'alarme, alors que nous n'en comprenons pas l'origine et que nous nous contentons d'attendre désespérément le remède magique qui nous en sortira sans avoir à changer nos conditions de vie. Un tel remède n'existe pas et s'il existait il serait pire que le mal car il nous dispenserait de l'effort de pleine réflexion et de pleine liberté qui doit nous permettre, en toute lucidité, d'humaniser la vie.

CHAPITRE IV

L'OBLIGATION DE BIEN VOULOIR ET LES DANGERS DE L'IGNORANCE

Vraie et fausse liberté.

Qu'il y ait des maladies qui limitent ou suppriment la volonté, qu'il faille faire attention à nos conditions de vie pour ne pas tomber dans l'absence de maîtrise de l'énervé, source de multiples maladies modernes, on en tombe aisément d'accord. Il faut soigner les malades pour leur rendre la santé, il faut développer l'hygiène publique pour prévenir les maladies. Tout est là, pensons-nous. Il suffit d'être normal et nous aurons ainsi, de par notre constitution cérébrale, le pouvoir de vouloir suivant notre désir, le pouvoir aussi de ne pas vouloir si nous n'en avons pas envie. N'est-ce pas cela la liberté, et la tolérance n'exige-t-elle pas de reconnaître, puisque l'unanimité ne peut se faire sur ce qu'il faut vouloir et sur la place de la volonté et de la fantaisie, qu'il faut laisser chacun libre de décider en fonction de ses convictions. Quand le médecin et le psychanalyste ont réussi à guérir le pathologique, ils ont fait leur tâche, restauré la liberté et doivent se garder de se mêler abusivement de ce qui ne les regarde pas, le libre usage que chacun peut faire de sa liberté. Ici, nous ne devons être limités, en dehors de notre morale personnelle, que par la nécessité de ne pas gêner les autres et de ne pas troubler l'ordre public. Telle est l'opinion courante. Elle est juste dans la mesure où on ne doit rien imposer et où chacun a à décider librement de ce qu'il doit faire. Non obéir à une contrainte, mais s'imposer ce qu'on pense juste. Toute morale, toute règle sociale à laquelle on ne croit pas est une contrainte extérieure qui risque d'être déséquilibrante; nous devons en comprendre et en accepter la nécessité. Mais ce qui est faux c'est de croire que chacun est libre d'inventer sa morale, comme s'il n'y avait pas des *valeurs communes* dépendant du fait qu'étant tous des hommes nous devons nous conformer à la *nature humaine*.

C'est un préjugé grave de croire que du moment qu'on est un homme normal, pourvu d'un cerveau humain fonctionnant correctement, on est un être libre qui peut sans inconvénient faire n'importe quoi. Comme nos machines, le cerveau doit être utilisé correctement conformément à sa constitution, à ce pour quoi il est fait. Nous ne sommes libres que de faire librement le bien car le mal est une mauvaise utilisation du cerveau très imprudente puisqu'on y risque son aptitude à la liberté. Faire volontairement le mal, c'est choisir de se comporter comme un malade. Mais qui fait volontairement le mal ? Nous venons de rappeler toute une pathologie du comportement où ce qui semblait péché responsable est en fait entraînement incoercible supprimant toute possibilité de maîtrise et de choix. Supposons les hommes parfaitement rééquilibrés et restitués dans leur liberté par une médecine et une psychothérapie parfaites, ce qui est utopie. Si nous échappons à l'erreur de croire qu'ils feront obligatoirement le bien, nous avons la tentation de croire que dans une pleine lucidité ils pourront librement et volontairement opter pour le bien ou le mal.

Mais qu'est-ce qu'une option libre et lucide où chacun a sa propre définition du bien et du mal ? Serait-ce une simple affaire de goût individuel ? Pour faire volontairement le bien, il faut en avoir compris la signification et non pas seulement dans la relativité d'une morale individuelle de situation, mais d'un point de vue de mieux humain à toujours viser dans toutes les situations.

Contrairement à ce qu'on pense, la volonté de mal faire est très peu répandue et si le mal règne à un tel point dans la société humaine c'est que les hommes ou ne sont pas libres, ou ne savent pas utiliser leur liberté. Plus que des méchants : des malades, des faibles, des ignorants, des imprudents. Qui oserait affirmer grande la part de responsabilité des chefs de l'hitlérisme dans leurs atrocités dues à un mélange de pathologie mentale et de stupidité ?

Nous avons le tort d'opposer totalement normal et pathologique, alors que si la motivation en est différente, il est juste de dénommer du même nom (paresse ou colère) un même comportement qu'il soit déterminisme pathologique ou libre décision. Choisir la paresse, la colère, ce que le moraliste appelle mal, par une décision que nous croyons libre est extrêmement imprudent, car qui dit que nous ne nous illusionnons pas et que nous ne faisons que nous plier à la pathologie hormonale ou aux complexes de notre inconscient que nous ignorons ? Il est significatif que, vantant toutes les « nourritures terrestres », A. Gide faisait surtout l'apologie de la névrose où l'avait conduit une éducation puritaine, donc son absence totale de liberté et de lucidité. Mais il y a plus grave, car l'individu sain porte en lui des déterminismes normaux tout aussi aliénateurs que les déterminismes pathologiques. La différence est qu'il peut apprendre à les maîtriser. C'est ce que nous avons appelé les *tentations naturelles de dénaturation* ou de fixation à un niveau de nature inférieur et incomplet. Si un seuil de discontinuité sépare le pathologique du normal malgré l'identité des apparences, il ne faut pas oublier ici aussi la dimension de continuité. La pathologie endocrinienne ne supprime notre liberté que parce que nous avons des hormones actives sur les centres nerveux; dans les limites de la normale, elles rendent plus difficile la maîtrise. Les complexes de l'inconscient ne sont aliénateurs que parce que la neurophysiologie cérébrale comporte des possibilités limitées de prise de conscience; immense est le domaine de l'inconscient; il est plus facile ne pas réfléchir et de ne pas vouloir.

C'est un curieux paradoxe que cette surcomplexité du cerveau humain qui nous donne à la fois le pouvoir de faire bien mieux que l'animal en réfléchissant, mais de faire le plus souvent infiniment moins bien si nous ne réfléchissons pas. Etre libre, vouloir, réfléchir, ce n'est pas une fatalité, c'est un difficile devoir. Le plus important message culturel et humaniste de la neurophysiologie du cerveau humain est de nous préciser les conditions du vouloir humain qui n'est humain que s'il est volonté du bien. Nous ne sommes libres que de nous conduire en hommes. Refuser de faire le bien est une grave imprudence, un risque de déshumanisation pour soi-même et les autres. L'homme n'est dans sa nature humaine que s'il accomplit librement le bien. Il faut nous défaire du préjugé que le naturel pour l'homme est le facile. Il est facile pour l'animal d'être dans sa nature animale en suivant les automatismes de ses bons instincts, il n'en est pas de même chez l'homme qui doit découvrir par la réflexion ce qui est bon pour lui. Le grand obstacle à la liberté aujourd'hui, une fois éliminés les obstacles pathologiques et spécialement ceux qui résultent de la fatigue nerveuse, c'est l'ignorance, le manque de culture qui nous fait ignorer les lois de fonctionnement correct de notre cerveau. Mais que demain cesse cette inculture, il ne faut pas tomber dans l'utopie que tout deviendra facile. On ne peut se conduire en homme si on est ignorant des conditions de l'équilibre humain, mais être homme restera difficile, même si une éducation facilite l'exercice de la lucidité et de la volonté. Et comme n'est valable qu'une conduite humaine libre basée sur un engagement personnel, il restera toujours la possibilité de dire non, malgré les arguments les plus sérieux et les plus objectifs en faveur du bien. C'est là l'infirmité fondamentale la plus grave de l'homme. Il subsistera toujours des tentations naturelles de dénaturation car nous aurons toujours des hormones, des besoins, des impulsions vers un plaisir facile, mais ces tentations sont aggravées d'une mystérieuse aptitude à refuser le bien, même rationnellement présenté comme le secret de la santé, de l'équilibre et du bonheur. Un tel illogisme de notre liberté devrait nous conduire à prendre en considération son interprétation métaphysique, ce déséquilibre d'orgueil d'un être faible quoique responsable exprimé par le dogme du péché originel.

La satisfaction humaine des besoins.

Si la neurophysiologie nous atteste que le cerveau humain est l'organe de la liberté, ceci n'est en rien contradictoire avec l'affirmation que bien peu des actes des hommes normaux sont libres. C'est tout simplement que nous ne savons pas être libres, que nous ne savons pas ce que c'est que vouloir, comment et quoi il faut vouloir. Nous avons le culte de la spontanéité et nous refusons de nous crisper toujours dans l'effort. Nous avons établi en nous de commodes barrières : il y a la vie animale du corps, il y a la vie intellectuelle et rationnelle de la pensée, il y a la vie spirituelle. Il fait faire sa place à chaque niveau. Le malheur, c'est que ces coupures sont artificielles et qu'il n'y a que la vie humaine, vie spirituelle incarnée : pas de vie animale du corps, mais une vie humanisée d'un corps humain qui n'a plus rien d'animal. Il ne s'agit pas de faire sa place au corps ou de le maîtriser au nom d'un spirituel désincarné, facteur de refoulements, il ne s'agit même pas d'utiliser pour éviter les refoulements les énergies inférieures en les changeant de valeur, les transposant à un plan supérieur, ce que la psychanalyse appelle *sublimation*. Car c'est un concept ambigu : au lieu d'ignorer la pulsion et de la laisser accomplir des ravages inconscients, on l'aiguille vers une utilisation de l'inférieur [1], mais dans la reconnaissance que l'inférieur humain est un inférieur incomplet et mutilé qui n'a pas d'existence propre et qui est fait pour être commandé par les structures supérieures. Il n'y a pas en l'homme difficile conflit entre amour supérieur, spirituel, désincarné, et pulsion érotique génitale, mais le vrai amour humain est la prise en charge du sens de l'érotique par le spirituel : n'est humain et complet que l'érotique spiritualisé c'est-à-dire humainement maîtrisé, que le spirituel incarné dans la conduite des réflexes sensuels génitaux. C'est que l'homme, s'il a un triple aspect hiérarchisé, n'est pas un être double âme et corps ou triple, corps, âme, esprit; il s'exprime dans les structures unifiantes de son cerveau au triple étage. Non pas juxtaposition du cerveau de l'instinct et de l'affectivité unificateur du corps, et du cerveau de l'intelligence, de la prise de conscience et de la relation sociale, mais prise en charge du cerveau primaire et de ses besoins par le cerveau de l'intelligence et unification suprême de l'instinctivo-affectif élémentaire et du rationnel par les structures supérieures préfrontales, comme nous l'avons rappelé. Donner la primauté à l'esprit, ce n'est donc pas refouler l'inférieur, mais lui donner sa signification

---

[1] Ce qui risque de conduire à l'erreur de nier l'existence propre du supérieur.

humaine. Ce n'est pas un corps humain que celui qui n'est pas sous la commande de la lucidité préfrontale.

Or pratiquement que faisons-nous ? Nous mettons notre lucidité à accepter d'obéir à nos besoins d'une manière que nous croyons instinctive et qui n'est en fait que la manière dont nous avons pris socialement l'habitude de les satisfaire. Chez l'animal, en raison de l'insuffisance du cerveau supérieur, les hormones sexuelles ou les modifications du milieu intérieur trahissant le besoin alimentaire des cellules, vont déclencher dans le cerveau inférieur un automatisme instinctif satisfaisant le besoin d'une manière conforme aux mœurs de l'espèce inscrites dans les automatismes du cerveau inférieur. Chez l'homme, ces facteurs restent importants causant dans le cerveau inférieur des perturbations dont le cerveau supérieur prendra conscience sous forme de besoins, mais l'homme n'est plus lié à sa chimie organique. En l'absence d'hormones sexuelles, en l'absence de faim organique, il peut avoir désir sexuel ou alimentaire par motivation psychologique cérébrale. D'autre part c'est au cerveau supérieur de décider s'il faut ou non satisfaire le besoin et comment le satisfaire. Nous estimons spontanéité le fait de respecter l'obéissance aux besoins organiques, considérés comme part animale de nous-mêmes. En fait, par ignorance, nous croyons possible de faire deux parts dans notre vie, celle de l'activité consciente et réfléchie et celle de la vie instinctive et sentimentale. Nous démissionnons de la conduite personnelle de notre vie pour satisfaire nos besoins, en oubliant que la satisfaction humaine des besoins exige réflexion et volonté. Du point de vue construction constitutive, le cerveau inférieur est fait pour fonctionner sous le contrôle du cerveau supérieur. En l'ignorant nous devenons des automates du cerveau inférieur, comparables à l'animal décérébré dont l'hypothalamus déchaîné déclenche des états de rage violents, au malade mental lobotomisé lui aussi incapable de contrôle. Pour être homme vrai, il nous faut contrôler les automatismes induits par nos humeurs dans le cerveau inférieur : au lieu de cela, nous les laissons se déchaîner : nous nous fixons à un niveau inférieur de notre nature qui nous rend comparable au malade incapable de maîtrise. C'est ainsi que la commande humorale des conduites qui met l'animal dans sa nature nous place hors de la nôtre, nous prive de notre dimension essentielle.

Le moraliste mettra en garde contre les excès de gourmandise, de sensualité ou d'agressivité. Comment le neurophysiologiste ne serait-il pas d'accord ? Quelle imprudence pour un sujet normal que de se laisser ainsi aller : il déshumanise sa conduite en devenant la proie d'automatismes inférieurs. Ceci ne veut pas dire qu'il faille supprimer les joies de la chair qui ont leur supériorité chez l'homme grâce au progrès du cerveau. Mais précisément ces joies ne sont humaines que maîtrisées pour conserver une conscience et une lucidité suffisantes. Les mépriser ou les ignorer est l'erreur déséquilibrante du puritanisme qui cache parfois sous des dehors de maîtrise et de vertu les incapacités névrotiques des refoulements. Erreur complémentaire que de s'y perdre dans un déchaînement total qui les prive de leur dimension humaine.

Ce déchaînement aliénateur nous apparaît comme naturel et inévitable, sauf ascèse extraordinaire dont la plupart sont incapables. Ceci est encore un préjugé dû à ce que nous sommes la proie de mauvaises habitudes. Si nous ne pouvons nous maîtriser, c'est que nous avons pris la mauvaise habitude de croire la maîtrise impossible en ne nous maîtrisant jamais et en nous laissant aller à la facilité spontanée du déchaînement. Il ne s'agit pas de s'opposer au déchaînement dans un héroïque effort le plus souvent inefficace de volonté, mais de prendre la bonne habitude de prévenir le déchaînement avant qu'il ne soit trop tard non par une ascèse désincarnée, mais au contraire pour jouir pleinement, humainement, d'une chair maintenue dans sa pleine signification. Notre culpabilité n'est pas dans les actions que nous accomplissons comme un automate aussi aliéné qu'un malade mental, mais de nous être laissé aller imprudemment à cet état, culpabilité atténuée d'ailleurs par notre ignorance du caractère inhumain et contre-nature de ce déchaînement. La morale ne s'oppose pas à la nature, mais permet d'éviter le contre-nature dès qu'on a compris sa vraie signification, non le refus de la chair, mais la technique d'utilisation spiritualisante de la chair.

L'aliénation sociale.

Faute de nous servir correctement des mécanismes corporels pour nous spiritualiser, c'est-à-dire nous humaniser, nous devenons esclaves des besoins incoercibles d'un corps matérialisé. Mais ce n'est pas seulement du biologique élémentaire que nous devenons esclaves, mais des usages sociaux, des coutumes de notre milieu. Se libérer du *conformisme* qui guide nos actes conduit souvent à cet *anticonformisme* névrotique tout aussi irréfléchi de certains adolescents qui manifestent par des attitudes antisociales leur inconscient déséquilibre d'être mal élevés dans une société mauvaise. Le passage chez l'homme des conduites du plan instinctif au plan supérieur n'aboutit pas d'emblée à la pleine dimension humaine de la conduite libre parce que réfléchie, donc voulue. Il y a d'abord simplement passage des réflexes innés de l'instinct aux réflexes conditionnés des habitudes sociales, ce dressage automatique par le milieu auquel se borne souvent une fausse éducation qui ne vise pas à une pleine formation humaine, mais simplement à donner un citoyen conforme, bien adapté et bien obéissant.

A la différence des mœurs animales instinctives qui sont conformes à la nature de l'espèce, au contraire, les usages humains peuvent être des préjugés sociaux contre-nature. L'automatisation de la conduite est une loi cérébrale heureuse qui dégage notre réflexion et ne nous astreint pas tout le temps à vouloir. Il est bon de se décharger sur de bonnes habitudes mais à condition que ce soient de bonnes habitudes et non pas des préjugés sociaux, en fait contraires à la vraie nature humaine. L'éducation ne devrait pas être un dressage conformiste intellectuel ou technique, mais donner l'habitude de réfléchir et de saisir ce qui est bien. Ici aussi, de même que pour les hormones, nous faisons d'un précieux mécanisme physiologique cette possibilité d'acquérir des habitudes, une tentation grave de dénaturation qui nous transforme en robots. C'est ainsi que nous ne sommes pas libres, que nous n'avons pas de vraie volonté : nous sommes esclaves de notre milieu, nous voulons ce que veulent nos humeurs, ce que veulent nos voisins. Il est bon de réfléchir à ce grossissement caricatural que fournit la pathologie sociale. Que devient la liberté individuelle dans la foule hypnotisée par sa propre consistance et par les leaders ? Voulait-il vraiment se faire rembourser son argent ce monsieur respectable descendu de chez lui sans une telle intention et qu'on retrouve se battant sauvagement dans une banque parce que la rumeur courait d'une faillite et que tous en faisaient autant ? Nos aliénations sociales ordinaires sont moins spectaculaires, mais c'est un fait que notre alimentation et notre sexualité dépendent des usages. Nous ne suivons pas notre vraie nature, nos vrais besoins, mais la fausse nature, les faux besoins que nous avons réussi par mauvaises habitudes à donner à notre corps lui-même. Même le bien, la morale devient un bon conformisme de spiritualisation ascétique désincarnée très inhumain et déshumanisant car nous visons le salut de notre âme, l'obéissance à Dieu ou à l'Eglise et non pas le progrès de nous-mêmes dans la conformité à ce que nous sommes. Quelle tentation de faire le mal quand il semble si naturel, si tentant et que le bien, la maîtrise sont présentés comme renoncement aux joies terrestres : conflit entre la conscience et la bonne conscience. Certes le bien ne devient pas facile et la tentation du mal ne disparaît pas, mais cependant quel changement de perspective quand cesse le conflit de l'appel de la vie et de la morale, quand la morale apparaît comme la possibilité d'épanouissement total de la vie et le mal comme une déséquilibrante diminution. Pour y arriver, ce n'est pas de sermons ascétiques désincarnés que l'homme moderne a besoin, mais d'une connaissance objective scientifique de lui-même, d'une *culture biologique*, afin de comprendre qu'avant d'être une offense à Dieu le péché est d'abord la faute technique contre lui-même et les autres d'un incapable bête et ignorant inapte à se conduire correctement en utilisant les magnifiques possibilités de son cerveau et spécialement de son cerveau préfrontal. Faire le bien exige certes une ascèse, mais toute autre, une ascèse de réalisation de soi, de resacralisation de la chair, cette merveilleuse possibilité de tous les hommes normaux ou guéris qu'ils laissent perdre. Devenus esclaves, ils ne comprennent pas la vraie raison de cet esclavage et la manière d'en sortir, mais revendiquent hautement qu'on les libère artificiellement par les drogues qui leur créent des besoins artificiels et leur font prendre pour maîtrise d'eux-mêmes un esclavage encore plus grand.

CHAPITRE V

L'EDUCATION DE LA VOLONTE

La morale positive.

Si la libre volonté réfléchie humaine qui ne saurait, de par notre constitution cérébrale, être au service que du bien sous peine de se détruire, est aujourd'hui si rare, il est facile de conclure dans un pessimisme découragé et décourageant qu'elle ne saurait être le fait que d'une élite. Affirmer que seule une élite peut parvenir à l'épanouissement pleinement humain, alors que tous les hommes normaux, de par leur cerveau, en ont l'aptitude est malheureusement un paradoxe très répandu. Il implique de la part de ceux qui se disent l'élite et qui, en fait, souvent se servent moins de leur liberté que les autres, une sorte de paternalisme méprisant qui se drape sous le manteau d'une fausse charité. On y retrouve le relent de la division cathare entre les purs et la masse, tout aussi contraire à l'humanisme authentique que le moralisme contraignant de leurs adversaires les Inquisiteurs. Sommes-nous si loin de cette époque où tous partageaient la conception d'une chair dangereuse et mauvaise, d'une chair perdue et cause de perdition, voyant dans une mortification refoulant la chair la seule voie du salut, considérant la dangereuse nécessité du mariage comme une occasion obligatoire de péché : préjugé de saint Thomas d'Aquin comme de saint Bernard ou d'Abélard ? La différence, c'est qu'aujourd'hui une majorité repoussant cette mortification affirmerait qu'il est au fond bien agréable de se perdre.

En fait une mortification qui serait oubli, horreur ou refus de la chair est un comportement contre nature qui risque de manifester une névrose ou d'y conduire, non une vertu mais une « maladie de la vertu ». C'est en plus une solution de facilité qui refuse dans le séparatisme coupant la chair de l'esprit de réaliser l'unité humaine en employant correctement la chair suivant son rôle véritable qui est de nous permettre un incessant progrès de spiritualisation. L'authentique maîtrise ne s'acquiert, il est vrai, que par l'effort, la mortification et l'ascèse, mais dans un esprit tout autre : non pas châtier la chair, mais l'épanouir en lui faisant donner ses pleines possibilités. La neurophysiologie en cérébralisant la maîtrise vient confirmer le point de vue du moraliste mais en le remettant en quelque sorte sur ses pieds : une « morale nouvelle » qui n'est que le retour à la vraie morale, celle du Christ et de saint Paul, morale des principes traditionnels mais réalisée de façon équilibrée et humanisante par refus d'un légalisme désincarné de prohibitions et autorisations dans l'affirmation des conditions positives de l'épanouissement humain, en dehors même de toute considération religieuse.

Il est paradoxal qu'on caricature d'optimisme irréaliste, ignorant la nature de l'homme, ceux qui, comme Teilhard de Chardin, insistent sur cette morale positive. Ce sont les pessimistes, soi-disant réalistes, qui ignorent la nature vraie de l'homme prenant pour naturelles les déviations dues à la maladie, à l'ignorance, à la faiblesse et au péché. Leurs interdits négatifs installent dans la passivité du péché et de l'impuissance, dans l'acceptation de la désespérante alternative du péché obligatoire et de la repentance inefficace. Pour être efficace la repentance doit se baser sur la conviction que, si faibles soyons-nous, et voués à la rechute, nous avons la possibilité d'en sortir, non pas d'en être sortis passivement par la grâce de Dieu, mais de nous en sortir par notre effort personnel, où le croyant voit précisément l'insertion en nous de la grâce. Nous avons à nous sauver nous-mêmes, ce qui, sur le plan profane, veut dire nous comporter toujours plus en hommes.

Rester adulte : l'apprentissage permanent.

Ceci suppose *apprendre* : apprendre ce que c'est que s'humaniser, apprendre les moyens d'y parvenir dans une spiritualité incarnée d'effort positif et efficace. Il nous faut être toujours plus et mieux *adulte*. Dans le rêve de tout adolescent regimbant sous les contraintes, l'état adulte est le merveilleux paradis où tout est permis, où nul effort ne sera plus nécessaire, un point d'arrivée. Nous vivons tous plus ou moins avec ce préjugé que le dynamisme de réalisation de l'homme par l'effort éducatif concerne celui qui n'est pas adulte. Nous considérons l'adulte sous un aspect statique achevé, dont la vieillesse est la détérioration et qui ne doit subir que les contraintes extérieures imposées par la société. Nous aurions à recevoir confirmation de la connaissance neurophysiologique de ce que nous sommes, qu'il n'est pas d'état humain statique, d'équilibre stable assuré et définitif, que notre destinée normale est de continuelle maturation, de la conception à la mort de vieillesse, ce dernier stade ayant lui aussi des aspects positifs non négligeables, que pour être et rester adulte, il ne s'agit pas d'accepter sans joie d'inévitables contraintes, mais de nous contraindre sans cesse à monter pour éviter la tendance dénaturante à descendre qui est une loi de notre faible nature.

Devant l'accélération des progrès scientifiques et techniques, ce qu'on a appris devient vite périmé, il est nécessaire de se tenir au courant par une éducation permanente. Nous ne verrons le vrai sens de cette nécessité nouvelle, authentique progrès, que si nous comprenons qu'elle nous oblige à reconnaître que l'homme est l'être qui doit toujours apprendre.

De par son cerveau, l'homme se définit par l'aptitude à apprendre, mais il croit que cette aptitude ne demande qu'à être utilisée, qu'il suffit d'apprendre quelque chose intellectuellement ou techniquement, alors que l'aptitude n'est que virtuelle et qu'avant de l'utiliser il faut la développer. L'homme doit d'abord *apprendre à apprendre* et le secret d'une éducation bien faite ne serait pas dans une somme de connaissances souvent vite périmée, mais dans le développement de l'aptitude à apprendre vraiment, c'est-à-dire à réfléchir, comprendre et vouloir. Cette aptitude à apprendre, tout homme normal la possède, même si les déficiences d'une éducation absente, insuffisante ou faussée ne la lui ont pas développée. Il n'est donc jamais trop tard pour s'y mettre et acquérir ainsi la pleine maîtrise de soi qui nous fera homme véritable. C'est cependant un effort très grand de se sortir de mauvaises habitudes, d'avoir à cesser d'être un automate du conformisme pour se mettre à réfléchir et juger. Il vaudrait mieux d'emblée avoir pris la bonne habitude d'utiliser ses pleines possibilités. Devant les terribles déficiences actuelles, il ne faut pas mettre en accusation la responsabilité des inéduqués mais la déficience des éducateurs.

Les conditions de l'état adulte humain : prolongation de l'immaturité.

Non seulement, nous avons le préjugé de la perfection automatique d'un état adulte achevé, mais nous pensons qu'il suffit d'être un homme normal, d'avoir échappé aux maladies du développement qui lèsent directement ou indirectement le cerveau pour aboutir à cet état adulte. Grave est notre erreur : nous confondons état adulte animal et état adulte humain. Bien que l'animal, comme l'homme, se construise au long d'une dynamique de croissance, sa nature est bien plus statique, plus fatale, plus obligatoire : il suffit d'une croissance biologique élémentaire sans carences et maladies, sources de monstruosités. Il a surtout à attendre que la maturation se fasse qui fera surgir en temps voulu les instincts nécessaires; la part de l'éducation et de la réflexion est réduite et non indispensable pour la survie. Il en est tout différemment de l'homme, si bien que, contrairement aux préjugés, l'état adulte normal qui baserait la conduite sur une réflexion trouvant le bien attrayant et préférable est encore une rareté et l'anormal, c'est-à-dire l'immature, est roi. La pathologie la plus grave n'est pas la pathologie maladive usuelle des anormaux; elle est celle de ceux qui se croient normaux parce qu'ils ne sont pas malades, mais qui n'ont pas appris à utiliser les pleines possibilités humaines.

L'homme n'est supérieur à l'animal que s'il utilise les possibilités cérébrales humaines de supériorité; s'il ne le fait pas, il est inférieur à l'animal par son pouvoir de se dénaturer. Nous l'avons vu en ce qui concerne la déficience des instincts. Ceci va de pair avec un retard du développement humain, condition normale de la supériorité humaine qui, si on ne l'utilise pas correctement, a pour conséquence d'empêcher une maturation complète. Cousin éloigné de l'homme, le chimpanzé intéresse spécialement le psychophysiologiste qui ne dispose pas de vrais ancêtres animaux de l'homme, ces hominidés en voie d'humanisation, de cheminement vers le pas de la pleine réflexion, car il est de tous les êtres actuels le plus riche en un cerveau d'une structure hiérarchisée très voisine de la nôtre. La plus grande différence avec l'homme, la plus significative, c'est que, partis d'un stade immature voisin à la naissance, l'homme et le chimpanzé ont une durée de croissance très différente. Le chimpanzé mûrit vite, son cerveau s'achève rapidement anatomiquement et a vite fait d'apprendre ce qui sera nécessaire; il est à la fois pubère et adulte vers 7 ou 8 ans. L'homme demeure bien plus longtemps inachevé, si bien qu'on a pu le comparer à un fœtus de chimpanzé, c'est-à-dire qu'il garde plus longtemps une immaturité, source de multiples possibilités, il reste plus jeune. Alors que tout progrès est rapidement stoppé chez le singe, se produit au contraire chez l'homme un démarrage foudroyant. Passé la période de l'enfance qui comprend une lente maturation anatomique du cerveau, la maturité sexuelle ne coïncide pas avec l'achèvement de la croissance et l'état adulte, mais avec ce stade typiquement humain de l'*adolescence* où le cerveau achève sa maturation physiologique comme le révèle l'électro-encéphalographie. Démuni en instincts, l'homme a tout le temps pour apprendre à se servir de son cerveau, mais ce n'est pas l'apprentissage d'un cerveau achevé, c'est l'utilisation d'un cerveau en maturation qui conditionne dans une certaine mesure cette maturation, un cerveau malléable car inachevé qui ne donnera toutes ses possibilités que si on le soumet à une éducation pleinement humaine, c'est-à-dire humanisante.

Nécessité de la culture.

La croissance est toujours assimilation, c'est-à-dire que sous la direction de l'hérédité, laquelle n'est autre que l'organe de programmage des acides nucléiques, l'organisme grandit en empruntant des éléments au milieu extérieur. Chez l'animal l'assimilation est purement matérielle : est adulte l'individu dont les organes sont correctement achevés et qui, par le fait même, n'a qu'à les utiliser correctement. Dans l'espèce humaine, au contraire, il faut en plus une *assimilation spirituelle culturelle* qui oriente la maturation dans le sens de la réalisation des pleines possibilités humaines. Un animal, sauf déficience pathologique du milieu matériel de croissance et de ses ressources organiques, est obligé d'être lui-même, et s'il existe des différences individuelles, elles se réalisent automatiquement sans que le milieu influe beaucoup. Au contraire un homme sera bien plus marqué par le milieu et sa réalisation individuelle sera toute différente suivant les conditions de l'assimilation culturelle. Il est légitime de porter un jugement de valeur sur ces diverses possibilités dont les unes sont des épanouissements authentiques, des réussites, tandis que les autres sont des échecs, un milieu insuffisant ayant fait avorter l'humanisation. Si des insuffisances légères ou tardives ne sont pas des mutilations graves et définitives, par contre des insuffisances du milieu importantes et précoces vont marquer définitivement l'enfant et le priver de certaines aptitudes qui ne se formeront pas dans son cerveau bien que l'hérédité les comportait. Ici aussi, sur une échelle continue des conditions de milieu du plus humanisant au moins humanisant, nous voyons surgir des seuils de discontinuité qui introduisent une vraie différence de nature entre un pathologique extrême définitif et un simple retard rattrapable éventuellement. Double seuil, seuil de niveau culturel au-dessous duquel un homme normal sera forcément un sous-homme, et seuil, de croissance, — ce qui n'a pas été réalisé à certains stades de la maturation devient bien plus difficile car le cerveau ne garde pas toutes ses possibilités —. L'erreur du racisme n'est pas de reconnaître des différences d'infériorité ou de supériorité entre les groupes humains, ce qui est évident (à condition de ne pas exagérer la valeur des supériorités intellectuelles sur le bon sens, l'intelligence pratique et surtout le cœur, souvent plus développés chez ceux que nous jugeons inférieurs et qui nous sont en fait supérieurs) mais d'attribuer ces différences à la constitution héréditaire alors qu'il s'agit de niveaux atteints par la supériorité ou l'infériorité culturelle du milieu. Et ici encore, il ne s'agit pas de supériorité ou d'infériorité absolue d'un type de culture, mais d'un retard ou d'une avance de développement et de maturation de cette culture dans son cheminement vers la vérité qui est une, si les chemins vers elle doivent être multiples.

Rien n'est plus utile que la grosse pathologie sociale pour nous faire comprendre cette malléabilité de l'homme par le milieu et donc la nécessité neurophysiologique d'une bonne éducation. On sait l'état de déshumanisation d'enfants séquestrés, normaux à l'origine, et qui sans aucun contact naturel ou humain deviennent idiots, leur intelligence n'ayant pu se développer, preuve que la spontanéité de la maturation cérébrale est orientée par le milieu. Un enfant empêché de marcher pendant la période où l'enfant normal semble s'y exercer (alors qu'en fait il s'agit des manifestations spontanées de la maturation des faisceaux pyramidaux) est vite capable de marcher à l'âge voulu. Au contraire un singe aux paupières cousues à la naissance perd son aptitude à voir, les messages de la vue étant indispensable à la construction correcte du cerveau visuel. Dans le cas des enfants-loups de l'Inde, car le mieux connu des nombreux enfants sauvages grandis loin des hommes dès leur naissance, la perte des possibilités est moindre car la vie en milieu naturel et en société-loup permet mieux la maturation cérébro-psychique; il y a simplement grave déshumanisation (avec une lupification qui traduit sans doute l'intelligence humaine, car aucun animal n'aurait une telle puissance d'imitation de comportements contraires à sa nature) : enfants courant à quatre pattes, hurlant à la loup sans expression émotive humaine, sans langage articulé. La rééducation est difficile, spécialement celle du langage, passé l'âge où l'enfant, grâce aux aptitudes héréditaires de son cerveau, commence à moduler les sons, époque où il doit normalement apprendre à imiter la langue de l'entourage qui lui donnera son niveau culturel. Si l'articulation est inutile ne débouchant pas sur une utilité sociale, l'enfant en perd en grande partie l'aptitude.

Tout autre est le cas des sourds-muets non rééduqués à quelque forme de langage car leurs déficiences sont moins graves : ne parlant pas parce que, n'entendant pas, la parole ne leur sert pas, ils n'en développent pas l'aptitude, d'où leur mutité. Mais élevés en société humaine, ils sont moins gravement déshumanisés, ce qui explique qu'ils gardent mieux leur possibilité à apprendre le langage humain. On sait cependant que leurs déficiences sont moins graves si on les rééduque le plus vite possible. Nous avons à tenir compte de ces exemples pour comprendre l'importance des déficiences du milieu et de l'éducation pour l'épanouissement des aptitudes. Il n'est pas indifférent d'avoir été dès la jeune enfance plongé dans un milieu humainement riche ou au contraire déficient. Les nouveautés scientifiques si dures à assimiler par l'adulte sclérosé dans ses routines se révèlent bien plus accessibles dans l'enseignement précoce des jeunes.

L'exemple inverse des enfants-loups, c'est celui de l'accès de jeunes sauvages à la vie civilisée. Avant cinq ans, tout est possible en fonction des possibilités individuelles, après cinq ans le social a déjà trop orienté la maturation, il y a des possibilités perdues. Adapter un homme de Cro-

Magnon adulte à notre culture serait sans doute impossible, mais un jeune bébé n'y aurait pas de difficultés car il en possédait les aptitudes.

Il est très important de ne pas trop majorer chez l'homme l'hérédité : elle est cause des différences individuelles constitutives, des différences de types intellectuels, d'aptitudes et de goûts entre les civilisations, les ethnies. Mais les plus grosses différences tiennent au milieu éducatif, à la manière dont il a orienté la réalisation des virtualités d'origine. Tous les hommes sont homme et ont ainsi un niveau intellectuel voisin, toutes les ethnies ont une répartition analogue des intelligences. Ce qui fait trouver un individu non pas autre, mais inférieur (en faisant abstraction des faux préjugés) c'est l'insuffisance de formation éducative humanisante. Alors que s'il s'agissait d'hérédité, on pourrait parler de fatalité naturelle, rêvant du jour où on pourra améliorer les acides nucléiques (il sera plus facile de les détériorer), puisque le responsable est le milieu, il n'y a pas fatalité. Comment ne pas s'indigner et lutter devant le fait que bien des hommes ne peuvent, par déficience de leur milieu de jeunesse, réaliser leurs pleines possibilités humaines, qu'il s'agisse des classes pauvres ou des hommes des cultures et économies en retard de développement. Qu'un homme ait des aptitudes à être un musicien ou un scientifique de génie et que les hasards de la naissance l'empêchent d'accéder au niveau et à l'utilisation supérieure de son intelligence, le confinant à être manœuvre ou sauvage au fond de la forêt africaine, c'est là une injustice aujourd'hui inacceptable car on peut y porter remède. Le crime de l'ignorance raciste est précisément de justifier par ignorance scientifique cette injustice. Nous nous indignons facilement du barbare 19e siècle qui mettait les jeunes enfants à la mine et à la fabrique en croyant que ce fût fatal; que dira l'avenir des barbaries de notre siècle ignorant ?

La neurophysiologie nous précise donc la nécessité pour être un homme vrai d'avoir reçu une bonne éducation humanisante progressant en fonction de la maturation biologique du cerveau qu'elle favorise. S'il faut une hygiène de la grossesse particulièrement prudente dans les premiers mois quand l'embryon forme ses futurs organes, sous peine de monstruosités graves, il ne faut pas dans l'enfance et l'adolescence ne se préoccuper que d'hygiène physique : la vraie éducation est une hygiène d'ordre supérieur car elle forme la personnalité en apprenant à utiliser les ressources cérébrales. Non pas du superflu à l'usage d'une élite, mais une absolue nécessité pour tous les hommes.

Sans entrer dans tous les stades du développement, de la naissance à l'état adulte, dont la connaissance permet d'adapter l'éducation aux possibilités individuelles, il importe de rappeler la signification des trois périodes successives : de la jeune enfance environ jusqu'à cinq ans, de l'enfance avant la puberté et de l'adolescence. Nous vivons ici aussi sur des préjugés. C'est un mythe très répandu par la faute de la psychopédagogie scientifique occidentale, qui confond objectivité scientifique avec refus positiviste des valeurs humaines, que l'enfant est comme une plante qui pousse dans un bon milieu. Il suffirait donc du bon milieu et de la bonne hérédité pour que tout aille bien. Erreur grave. Retenons la réponse objective de la pédagogie soviétique qui nous affirme que l'enfant est avant tout une conscience à former.

Prééducation du jeune enfant.

Quand on parle d'éducation, on envisage le plus souvent l'enfance, tentés de penser que c'est le moment le plus important, ignorant que l'essentiel est ce qui se passe avant,

cette prééducation qui marque définitivement et qui est
achevée vers cinq ans, et voyant dans l'adolescent un petit
homme qui n'a plus besoin de beaucoup apprendre sinon
sur le plan intellectuel.

Et cette éducation de l'enfance, nous la voyons sous sa
forme scolaire de l'instruction qui vise à donner certains
mécanismes de base et les connaissances nécessaires pour
une profession. Apprendre à être un homme, cela est absent
des préoccupations car cela va de soi ! La culture recule
sans arrêt devant la masse des détails à ingurgiter dans tous
les domaines; l'humanisme traditionnel réservé à une élite
disparaît. On ignore totalement que la vraie culture c'est
précisément savoir se comporter en homme, ce à quoi
devraient contribuer toutes les branches, qu'il s'agisse de
connaître les réalisations du passé (l'humanisme dit litté-
raire) ou qu'il s'agisse de la connaissance scientifique du
monde et de l'homme. On préfère donner le tout de la
grammaire latine, les mécanismes détaillés de la climato-
logie et la dernière découverte sur les prothalles de Fou-
gères à des jeunes qui ne sauront jamais ce qu'est un
cerveau du point de vue de l'équilibre humain, car il faut
préserver la sainte liberté de l'option des diverses morales
en maintenant à tout prix une stupide séparation entre la
science et la vie.

La jeune enfance avant cinq ans est la période capitale,
aussi capitale que les premières semaines du développement
intra-utérin. Il ne s'agit plus d'avoir un cerveau avec ses
cellules; il s'agit que ce cerveau s'achève anatomiquement
en prenant ses interconnexions et que l'enfant apprenne à
l'utiliser. Etre social qui a besoin des autres, le jeune enfant
va recevoir des autres, et spécialement du milieu familial,
l'image de ce qu'il doit être et de ce qu'il doit faire et qu'il
doit pouvoir accepter sans déséquilibre.

Pour confirmer l'importance formatrice de cette période,

où nous ne voyons trop souvent que la maturation biologique du cerveau qui conditionne les progrès psychologiques, il faut tenir compte de la pathologie. Non pas seulement ce que nous venons de rappeler des enfants désocialisés comme les enfants-loups, mais aussi de la découverte des troubles de *l'hospitalisme* qui montre que l'hygiène nécessaire à la santé psychosomatique et même à la croissance physique n'est pas seulement matérielle. L'hygiène comporte l'affection maternelle, et l'enfant matériellement bien soigné, sans cette affection, souffre gravement dans sa santé physique comme il n'est pas dans de bonnes conditions pour son équilibre psychologique. Le grand mérite de la psychanalyse, malheureusement dans un vocabulaire souvent contestable (majoration de la sexualité en terminologie de génitalité adulte minimisant l'affectif et le social) a été d'insister sur l'importance des chocs surtout affectifs de l'enfance. Elle nous a montré que les névroses de l'adulte tiennent précisément à ces erreurs prééducatives de parents qui croient bien faire en ignorant tout de la psychophysiologie de l'enfant. Quand nous jugeons le caractère et les défauts ou qualités d'un enfant de cinq ans, nous avons tendance à ne voir que l'hérédité, en oubliant l'immense influence des premières années qui ont orienté les tendances héréditaires. On parle d'enfants pervers alors qu'il s'agit d'enfants pervertis qui étaient au plus, par faiblesse, des enfants plus pervertissables.

Le bébé a tout à apprendre : en même temps que se mûrit son cerveau incapable de fonctionner à la naissance, il va, en jouant dans son berceau, y former les praxies et gnosies, il apprend à se distinguer du monde extérieur, forme dans son cerveau l'image du moi et l'utilise pour la personnalisation de sa conduite, la naissance d'une volonté propre qui s'oppose au milieu. Il y a là une sorte d'*auto-éducation de base* qui va donner à la pensée et la conscience élémentaires leur pleine dimension humaine quand, sur les aptitudes innées à la vocalisation, va être apprise la langue culturelle qui permettra de mieux vouloir en pouvant dire : *je veux*. Quel que soit le rôle important de l'auto-éducation et de l'influence du milieu, cette acquisition des bases de la volonté reste très automatique et peu réfléchie. Il faudrait, dans un second stade, sortir de cette volonté spontanée pour accéder à une vraie volonté réfléchie. Ici la déficience est totale, puisqu'on se borne à orienter la volonté par des interdits ou des ordres peu justifiés sans chercher à la développer. L'adulte aurait besoin d'une toute autre volonté que cette première volonté automatique de l'enfance; malheureusement, on ne fait rien pour la lui donner, et cela est d'autant plus grave que les conditions éducatives sont ici très déficientes. Une éducation de la volonté, qui est une promotion à la vraie liberté, ne se conçoit pas dans la facilité : il y faut apprendre l'effort de maîtrise de soi, un effort difficile, mais récompensé par la joie du succès obtenu par soi-même. Ce que l'enfant réalisait dans son berceau, ces difficiles exploits de prouesses sensorielles et motrices que personne ne pouvait heureusement lui éviter, il lui faut les continuer sur le plan des conduites humaines.

Parce que la psychanalyse, très justement, nous met en garde contre un dressage autoritaire qui perturbe la spontanéité de l'enfant et est facteur de complexes névrosants, on a excessivement conclu au danger de toute autorité : il faudrait laisser l'enfant à sa spontanéité. On ne se rend pas compte que si l'enfant dressé autoritairement n'a pas compris et n'a pu accéder à la vraie direction volontaire autonome de sa conduite, il en est tout autant de celui qui n'a pas été éduqué et qui sera la proie des besoins et des mauvaises habitudes, refusant toute contrainte sociale. Habituer l'enfant, proportionnellement à son âge, à vouloir et à bien vouloir est certes une entreprise délicate, mais ce doit être le but des parents et des éducateurs soucieux d'éviter les erreurs complémentaires dépersonnalisantes de l'excès et de l'absence d'autorité.

Pour être équilibrée, la relation de l'enfant et de l'éducateur, comme toute relation sociale, doit tenter d'être non une relation de sujet à objet, de tyran à esclave, quel que soit celui des deux qui est objet ou esclave, mais une relation interpersonnelle c'est-à-dire personnalisante. C'est encore plus vrai de l'enfant qui n'est pas une bête à dresser, mais un être humain à transformer en personne autonome capable de volonté réfléchie. La relation doit donc se fonder sur une certaine égalité respectueuse dans la reconnaissance de la complémentarité qui est ici différente de situation entre adulte achevé et enfant à former. C'est aussi une loi d'hygiène biologique psychosomatique que l'être humain, être social, ne trouve sa santé, et pour l'enfant les conditions convenables de son développement, que dans des relations sociales optima qui assurent son besoin des autres mais dans un respect du besoin d'expansion limitée de chacun. Il n'est psychobiologiquement bon ni d'être exagérément contraint ni de ne pas l'être assez. L'équilibre est dans l'optimum, dans une dialectique équilibrée du donner et du recevoir qui ne se conçoit pas sans amour. Mais aimer vraiment un être c'est vouloir son bien et non le déséquilibrer par un excès de pseudo-amour ou une absence voulue d'amour.

Cette relation à autrui dont l'enfant a vitalement besoin, elle ne lui fournit pas que des autorisations ou des contraintes, des occasions de se former à la liberté, elle est d'abord et, bien avant l'éveil de la pleine conscience, la présentation d'un *modèle* à imiter. En prenant conscience de lui-même, l'enfant se reconnaît membre de la famille humaine et doit accepter son appartenance sociologique à la masculinité ou la féminité conditionnée par son anatomie. L'image cérébrale réfléchie de son corps est socialisée. Tout ce que la psychanalyse freudienne nous a décrit dramatiquement sous le terme de complexe d'Œdipe ou de castration en utilisant les grossissements des déviations pathologiques correspond à la réalité profonde des premières relations sociales de l'enfant avec sa mère, prototype de ce qu'il est ou n'est pas, et avec son père. Le principal est social et affectif avant d'être sexuel, mais aura forcément, comme tout être humain est sexué dès l'origine, une modalité sexuelle, un retentissement sur l'épanouissement futur de la sexualité. Pour pouvoir bien vouloir plus tard, il faut d'abord avoir bien pu se situer et accepter sa situation au monde dans le sein de l'humanité. En insistant sur l'importance du social, source des névroses de supériorité ou d'infériorité, Adler, plus tard K. Horney, ont apporté un complément indispensable à l'œuvre de Freud. La compensation de l'infériorité en supériorité névrotique est source de fausses pseudo-volontés autoritaires, masque d'aboulie.

L'animal qui n'est que dans l'action, n'envisage pas l'avenir en s'aidant d'un passé revécu par la personnalisation des souvenirs : tout ce qui l'a marqué, conditionné, se manifeste dans sa conduite sans qu'il en prenne conscience. Le pleine dimension humaine est réalisée quand la conduite est prise en charge par la conscience réfléchie, mais il ne s'agit pas d'un moi idéal, mais de la manière équilibrée ou non dont s'est formé ce moi dans la jeune enfance. Pour bien vouloir, il faut un moi normal dont l'activité ne soit pas limitée par les complexes et les refoulements, capable de vraie maîtrise. Ce moi normal se forme dans la lutte entre l'enfant et le milieu, spécialement la volonté des parents : son équilibre exige donc un optimum entre une fermeté excessive empêchant d'apprendre à vouloir personnellement et un libéralisme exagéré qui, n'imposant rien, empêche l'effort formateur. Le secret de l'équilibre ultérieur, et c'est ce qui fait sa difficulté, ne réside pas dans l'éducation scolaire d'un enfant de cinq ou sept ans, mais dans le milieu et les conditions de vie d'un bébé qui prend petit à petit conscience de ce qu'il est. Toute erreur est ici facile, mais spécialement grave car il ne s'agit pas de répondre à des questions. L'équilibre et la volonté des parents, leur amour mutuel sont la garantie de cette prééducation. C'est à tort qu'on sourit devant la terminologie freudienne bien maladroite qui parle de stade oral ou anal en les génitalisant. Il est exact que la première relation sociale de l'enfant, les premiers conflits formateurs entre l'enfant et le monde adulte, le premier choix entre moralisme déséquilibrant, amoralisme ou vraie morale hygiène personnelle commence à propos de la satisfaction des premiers besoins, besoin alimentaire, besoin d'évacuation et de propreté, besoin de sommeil, besoin d'affection et de relations sociales. Et c'est dès ce moment qu'il faut éviter les écueils complémentaires de l'autoritarisme et du libéralisme, le premier enlevant toute spontanéité, le second laissant se développer une spontanéité incontrôlée, donc inhumaine parce que asociale. Comment dès l'origine, au moment où, malléable, il est cire vierge, toutes possibilités, l'enfant formerait-il une conscience normale si inconsciemment, entre la tendance à la norme inscrite en lui et ce que lui montre et impose le milieu, existe une opposition totale ? Ce qui lui est proposé doit être tentant pour son affectivité même s'il s'agit d'une contrainte momentanément désagréable. Devant l'insuffisance de la conscience tout est, au début, dressage mais pas un dressage animal, un dressage formateur d'une conscience qui s'éveille et doit prendre en charge sa conduite, vouloir vraiment et non accepter des conditionnements.

Cette première éducation ne posait que peu de problèmes autrefois dans un monde relativement stable pour lequel il fallait préparer l'enfant qui aurait peu à se servir de sa liberté. Il n'en est plus de même aujourd'hui où l'individu n'est plus soutenu par autant de contraintes sociales. Il se veut libéré, mais pour être libre il faut être fort. Comme cette force est déficiente, nous vivons surtout les inconvénients de cette nécessaire libération, ce monde incohérent, facteur des déséquilibres de la fatigue nerveuse. Comment des parents non formés, non pleinement adultes, surmenés, pourraient-ils être non d'abord de bons éducateurs, mais de bons modèles ? Nous vivons avec le préjugé qu'être parent cela va de soi, alors que, comme pour tout ce qui est naturel-humain, ceci exige une difficile préparation qui devrait apparaître comme un devoir. C'est cela la vraie procréation volontaire humaine, trop souvent présentée aujourd'hui dans le simplisme des techniques contraceptives suppléant à l'absence de volonté. Apprendre à être mère et non se fier à un instinct déficient, et plus encore apprendre à être père là où l'instinct n'est pas déficient mais absent, ce qui est d'abord reconnaître la nécessité d'une certaine présence du père au foyer si négligée aujourd'hui. Mais la nécessaire école des parents, ce n'est pas apprendre à se comporter correctement avec ses enfants, c'est d'abord apprendre à être soi-même adulte et équilibré. Il n'est facile d'être éducateur que si on a soi-même compris et vécu ce que c'est que d'être un homme et le danger des déficiences. S'il est difficile d'apprendre aux enfants à bien vouloir, c'est qu'on ne sait pas soi-même en quoi consiste ce *bon vouloir* et sa nécessité. Nous donnons à l'enfant de regrettables exemples, précisément dans ce jeune âge où nous sommes persuadés que l'enfant ne remarque rien. Ce qu'on commence à reconnaître sur le plan sexuel est valable de façon générale : si l'enfant peut être définitivement névrosé par des spectacles sexuels précoces qu'il n'a pu comprendre et dont il a vu l'aspect agressif, il l'est tout autant par tous les déséquilibres du monde des adultes et surtout du milieu familial. Comment l'enfant serait-il désireux d'être un homme normal si nous ne lui en offrons pas le spectacle tentant ?

Comment la petite fille trouvera-t-elle son équilibre si son anatomie lui est présentée comme négative, la supériorité quasi névrotique de l'homme tenant à la positivité visible de son sexe, surtout si elle perçoit tous les inconvénients sociologiques d'être femme. Comment une mère insatisfaite, même légitimement, de sa condition féminine et du comportement masculin pourrait-elle amener ses enfants à avoir une personnalité sexuelle équilibrée ? On sait comment les névroses d'inversion sexuelle, cette impossibilité de vouloir une sexualité normale, tient à un trouble éducatif qui n'a pas permis à l'enfant d'accepter d'être de son sexe, ce qui oblige le besoin sexuel à se satisfaire de façon anormale à moins qu'il ne soit totalement inhibé par le refoulement.

On n'insistera donc jamais trop sur cette humanisation éducative de la jeune enfance qui apprend à être un homme normal apte à vouloir ou qui nous en détourne en nous faussant le caractère. Ici aussi, c'est sur une continuité de fautes éducatives donnant de mauvaises habitudes que s'établit la discontinuité de la pleine pathologie névrotique. Malgré cela, il importe, tout en souhaitant que ces stades ne soient pas manqués, de ne pas sombrer dans le pessimisme intégral s'il en est ainsi. Hors le cas de la grosse pathologie névrotique difficile à redresser, hors le cas des milieux anormaux déshumanisants symbolisés par le cas extrême des enfants-loups, un certain redressement ultérieur est possible. L'enfant de cinq ans a atteint un certain achèvement élémentaire de sa personnalité, mais elle est loin d'être achevée si elle comporte déjà l'essentiel.

Apprendre à être pour savoir vivre : la vraie éducation.

C'est précisément parce que souvent le début n'a pas été satisfaisant qu'il faudrait que l'éducation ultérieure le soit; or le plus souvent, on ne s'occupe nullement d'apprendre à être et à vivre humainement, on se contente d'un apprentissage livresque ou technique qui vise à remplir une tête inexistante qui restera incapable d'assimiler ce qu'on lui présente. La morale apparaît comme une contrainte sociale ou religieuse opposée aux tendances habituelles, hypocritement imposée par des adultes qui montrent parfaitement qu'ils l'ignorent. Tout est fait pour favoriser la passivité qui est appelée sagesse; comment ferait-on autrement même si on en avait senti la nécessité pédagogique dans le monstrueux contexte actuel des classes surchargées où aucune éducation n'est possible.

Certes, de multiples efforts ont été faits en faveur d'une éducation active dite *nouvelle* sous l'initiative de nombreux précurseurs compétents; malheureusement ces tentatives sont restées isolées, malgré leur succès. On passe toujours de l'école maternelle formatrice et épanouissante à l'incohérent intellectualisme des premières classes primaires obligatoires. Surtout, on n'a retenu de la psychanalyse et de la pédagogie nouvelle que l'aspect négatif, le danger du dressage autoritaire, ce qui permet de ne plus éduquer; on a oublié l'essentiel, toute la pédagogie de la formation de la liberté et de la volonté dans l'effort personnel, dans un cadre collectif à base de collaboration et non de concurrence égoïste. Le résultat de l'impasse de l'éducation actuelle, où un enfant inéduqué est soumis trop tôt aux dépravations d'un monde déboussolé avec les spectacles des trottoirs, des cinémas et de la radio-télévision, c'est la généralisation d'une perversion par absence d'éducation qui se manifeste dans tous les milieux et tous les pays, le phénomène blousons-noirs qui essayent de trouver un sens à la vie pour lutter contre l'ennui par l'agressivité et la sexualité [1]. Ni des malades, ni des coupables : des inéduqués, dangereux parce qu'ils n'ont pas l'hypocrisie des adultes qui ne désobéissent à la morale que dans certaines circonstances. Ce ne sont pas les jeunes qui sont à réprimander de ne pas être éduqués, de n'avoir pas saisi le sens de la vie : ce sont les adultes qui ne les ont pas éduqués et qui leur ont donné le mauvais exemple de prêcher le bien sans l'accomplir. Hélas, ils ne sont pas capables de prendre le contrepied et, rejetant l'hypocrisie moraliste, de vouloir le bien.

Quand, au lieu de dénoncer les erreurs du voisin, hommes de l'Ouest et hommes de l'Est comprendront-ils qu'ils feraient mieux de voir ce qui ne va pas chez eux, la déshumanisation complémentaire par l'anarchie libéralo-technocratique et le totalitarisme d'un étatisme lui aussi technocratique ? L'exemple de la Suède est ici particulièrement déplorable, car dans ce pays où tout est fait pour lutter contre la misère, il n'y a pas de vraie promotion humaine, rien n'est fait pour susciter l'initiative individuelle source de progrès authentique : l'Etat fait tout et les hommes s'ennuient dans une passivité d'attente ne pouvant ainsi trouver le vrai bonheur dans la dissociation entre confort et morale, hygiène du corps et hygiène de l'âme.

Parmi les tentatives actuellement faites pour sortir des erreurs pédagogiques, il en est une particulièrement intéressante à signaler parce que le bon sens intuitif pratique des promoteurs y rencontre la vérité neurophysiologique. Dans les écoles techniques de la Chambre de Commerce de Paris arrivent des préadolescents incapables de fixer leur

---

[1] Voir *Cri d'appel d'un blouson noir*, Fayard.

attention pour apprendre quoi que ce soit. Au lieu de s'efforcer inefficacement de les contraindre à apprendre, grâce à Melle Ramain a été mise sur pied une *préformation* qui vise à donner à l'enfant ce que l'enseignement ordinaire considère comme allant de soi : des exercices très simples entraînent à apprendre à sentir, contrôler ses gestes, fixer son attention, savoir se concentrer, en somme le passage de toute la dynamique automatique du cerveau sous le contrôle de la volonté dans une éducation qui n'est pas une lutte désespérée dans un effort inefficace, ce que nous appelons vouloir, mais l'acquisition relativement facile d'un automatisme de contrôle réfléchi et d'utilisation correcte complète du cerveau. Après une telle préparation, le jeune qui semblait paresseux ou idiot devient soudain apte à n'importe quelle éducation intellectuelle ou technique. L'originalité de cette initiative, c'est qu'elle ne concerne pas une expérience isolée et fugitive, mais que l'enthousiasme et le dynamisme de ses promoteurs tend à la répandre de plus en plus dans tous les milieux. On s'aperçoit que tout éducateur, quel que soit l'objet spécialisé de son enseignement pourrait enseigner dans cet esprit formateur : déjà des initiatives intéressantes ont été faites pour orienter dans ce sens l'enseignement ménager, l'éducation physique, etc. Mais pour y parvenir l'éducateur doit faire effort réflexif personnel : il s'apercevra que pour devenir un vrai éducateur, il a lui-même à pratiquer cette éducation de l'attention et de la maîtrise qui lui permettra, malgré des circonstances inchangées, une vie plus équilibrée et plus heureuse qui le protégera contre un vieillissement prématuré. Et ce qui est ainsi obtenu dans cette formation humaine sur le plan scolaire retentit sur toute la vie de l'éduqué qui devient, par le fait même, plus conscient et responsable, plus apte à lutter contre la fatigue nerveuse et les multiples tentations déshumanisantes d'un monde déséquilibré. Ce n'est pas, en particulier, en prêchant la morale, en proposant une continence négative qu'on arrivera à lutter contre le déchaînement sexuel aliénateur et source des pires catastrophes sociales, mais en enseignant cette maîtrise générale de soi qui s'appliquera à la sexualité : une continence *positive* de qui se forme à la maîtrise cérébrale pour être pleinement adulte et libre, pour être un homme vrai et non la ridicule et pitoyable caricature de sous-animal que nous offre l'humanité actuelle.

Importance humaine de l'adolescence.

Celui qui, après de bonnes habitudes de la jeune enfance, a appris dans l'enfance petit à petit à *volontariser*, c'est-à-dire personnaliser sa maîtrise de soi, en comprenant de mieux en mieux ce que c'est que se conduire en homme, est défendu à l'avance contre les difficultés de l'adolescence. Devant la naissance contraignante des besoins sexuels à la puberté, il saura faire l'effort nécessaire pour ne pas se laisser enchaîner. L'adolescence n'est qu'un pas de plus sur le chemin de la maturité. Elle n'est pas la maturité. Il est aussi préjudiciable de considérer l'adolescent comme un adulte que de persister à le contraindre comme un enfant. Nous n'avons pas en général compris la signification psychobiologique de ce stade de l'adolescence, propre à l'homme.

L'adolescent n'est pas apte à s'engager dans les responsabilités de l'adulte : il doit encore apprendre et doit rester disponible pour cela. S'il a besoin de plus d'autonomie et de responsabilité, il ne faut pas céder à ses désirs d'être prématurément traité en adulte dans la profession ou la fondation d'une famille car il n'y est pas encore apte et cela l'empêcherait d'achever de se former, de devenir vraiment adulte. Cette situation spéciale de l'adolescent,

parfaitement perçue sur le plan de l'hygiène de la croissance, doit être reconnue aussi sur le plan psychologique.
L'adolescence est la période d'apprentissage d'une relation
équilibrée à autrui, qu'il s'agisse du social ou du sexuel;
elle comporte la maturation d'une affectivité adulte c'est-
à-dire sexualisée qui, d'abord égoïstement, narcissiquement
tournée vers la satisfaction personnelle, doit devenir
altruiste, s'ouvrir sur l'échange du don et de l'accueil.

On sait les conseils donnés traditionnellement à l'adolescent, et maintenant à l'adolescente, en s'aidant d'une
incompréhension totale de l'apport de la psychanalyse qui
a condamné le moralisme puritain et nullement la vraie
maîtrise de soi. Il faudrait pour être normal que l'adolescent
exerce sa sexualité dès la puberté en se gardant de la fixer
dans un mariage précoce et en évitant la procréation. On
ne saurait donner des conseils plus déshumanisants; ceci
consiste à traiter l'adolescent en chimpanzé pubère et
adulte et à négliger la signification formatrice de l'adolescence humaine. Tel est, objectivement, le dynamisme de
la nature humaine qu'il serait vain de nier que l'adolescent
ne peut devenir un vrai adulte sur le plan affectif et sexuel,
le plus important pour sa vie individuelle et sociale,
c'est-à-dire un être libre et capable de volonté, qu'en
luttant contre les tentations naturelles de dénaturation de
ses besoins, en apprenant non à les ignorer, les refouler, les
mépriser, mais à les maîtriser tant qu'il ne peut leur donner
une satisfaction normale et humaine dans un mariage
définitif qui exige la maturité adulte. Le plus gros obstacle
à la volonté, ce sont les mauvaises habitudes de l'adolescent
qui veut jouer à l'adulte, c'est-à-dire imiter les erreurs d'un
adulte qui précisément n'est pas adulte. Ici encore, il
faut remplacer l'inefficace morale négative par une épanouissante et hygiénique éducation cérébrale de la maîtrise
de soi qui permet d'être un homme véritable. Non de se

former à de mauvaises habitudes aliénatrices, mais s'exercer à de bonnes habitudes. Sortir du préjugé qu'il serait normal et naturel de se laisser aller, mais qu'il faut aller contre sa nature en obéissant à la morale pour des raisons sociales ou religieuses, pour comprendre que ces raisons sociales et religieuses nous aident à devenir un homme vrai. Sans quoi une fausse morale désincarnée se satisfera du désastreux mariage des adolescents comme solution à leur absence de maîtrise, ce qui les installera dans un état non adulte qui conduira ce mariage à l'échec, ou bien la même fausse morale acceptera le déchaînement, le manque total de volonté dès que le moment du mariage sera atteint (enfin plus d'effort !) et on aboutira à toute la monstruosité conjugale d'individus inéduqués qui se croient normaux, lamentables, échecs des divorces, des adultères, de la prostitution, de l'avortement et de la contraception, ces tragiques solutions à l'absence de volonté dont la législation permet un peu plus de se passer de volonté et de se déshumaniser.

Les problèmes de maîtrise sexuelle sont ici très importants car seule la vraie maîtrise permet d'être adulte, ce vrai état adulte qui est effort permanent dans le refus des tentations, malgré les bonnes habitudes, un devoir de se comporter en adulte, une dignité. Mais ce qui doit être sur le plan sexuel est général et c'est précisément la maîtrise générale de soi qui permet la maîtrise sexuelle. La relation homme-femme n'est qu'un cas particulier de relation sociale humaine et la personnalisation de cette relation est valable pour tous les cas. N'est adulte que celui qui sait se maîtriser et traiter les autres en personnes responsables, garder sa dignité personnelle, tout en respectant celle des autres. Dans la relation la plus fréquente entre maître et esclave, ce n'est pas seulement l'esclave qui est dépersonnalisé, mais c'est aussi le tyran. Il n'est pas possible à l'homme de garder son équilibre en se faisant dieu, un faux dieu d'ailleurs car le véritable est libérateur et personnalisant et non une idole contraignante et aliénatrice. Le secret de la maîtrise de soi c'est de garder lucidement sa place dans l'optimum, refuser à la fois un excès d'abaissement et un excès d'élévation. Ici encore c'est la vraie éducation qui peut nous y acheminer.

CHAPITRE VI

CIVILISATION ET VOLONTE

Progrès culturel et cerveau.

Nous venons d'insister sur le dynamisme de la personnalisation de l'homme au cours du cycle vital individuel de la conception à la mort. Il ne suffit pas à l'homme d'avoir un cerveau, ce qui est aptitude héréditaire spécifique : il n'est adulte que s'il est dans un milieu culturel humain, lui permettant d'utiliser les possibilités de son cerveau et si une bonne éducation lui permet d'apprendre à bien vouloir pour accéder à la maîtrise de sa conduite. Suivant les conditions du milieu l'homme pourra s'humaniser ou se déshumaniser, bien que les aptitudes héréditaires aient été, au départ, identiques.

Ce qui fait un milieu humanisant c'est d'être un milieu humain qui fournit les relations sociales dont l'individu a besoin et qui le plonge dans une ambiance culturelle, fruit des découvertes des générations disparues, une sorte de nouvelle hérédité qui n'est pas innée mais acquise et transmise dans une éducation où la langue joue un rôle prépondérant. La richesse de notre pensée dépend avant tout de la richesse de la langue que nous avons apprise et du niveau culturel de notre milieu de naissance et d'éducation.

Cette socialisation culturelle qui conditionne l'épanouissement de tout notre être va donner à l'espèce humaine un dynamisme d'un autre ordre qui manque à l'animal. C'est le *progrès historique*. La situation de l'individu est conditionnée pas sa situation historique dans l'humanité. Les abeilles, animaux de nature sociale comme l'homme, n'ont pas changé depuis l'origine de l'espèce : aucun progrès dans leurs mœurs sociales basées sur l'instinct et une part minime d'apprentissage. Au contraire, grâce à son intelligence, l'homme est susceptible d'inventions, de découvertes, mais il peut les faire comprendre à autrui et elles passent dans l'acquis culturel collectif qu'elles contribuent à faire progresser. C'est par le culturel que nous nous humanisons, mais la mosaïque des niveaux de culture dans les diverses civilisations à la surface de la terre a une signification qui n'est pas que de hasard : elle correspond à un progrès historique; certaines cultures sont en avance, d'autres sont en retard ou même en régression. Parce qu'il s'humanise culturellement, l'homme peut *mieux s'humaniser* aujourd'hui qu'autrefois s'il appartient à une culture en avance.

Pour comprendre la nature de l'espèce humaine, il faut à la fois insister sur son aspect social et sur le fait du supercerveau. Difficile synthèse que manquent les partisans d'un « biologisme » qui isolent l'homme dans sa solitude et ceux d'un « sociologisme » qui oublient que la dimension culturelle propre du social humain est une conséquence des aptitudes cérébrales supérieures. Le social, sans le niveau humain de cerveau, ce sont les mœurs figées des sociétés animales qui ne changent pas de génération en génération, même si de l'appris s'y ajoute à l'inné car il n'y a pas invention. Le cerveau humain sans le social serait inutile puisque c'est sur la relation humaine, le dialogue, que se construit la manière humaine d'être, de vivre et de penser. Mais le cerveau plus le social, c'est le progrès culturel, c'est le sens de l'histoire qui est utilisation toujours meilleure du cerveau pour plus de conscience, de liberté, donc de volonté lucide et vraie. Un sens de l'histoire qui est inscrit dans la nature de l'homme qui ne peut réaliser ses pleines possibilités que petit à petit, que de mieux en mieux. Mais un sens de l'histoire qui, malgré son caractère normal, n'est plus l'automatisme de la montée de cerveau dans l'évolution biologique. De même que l'individu, malgré sa nature normale, peut se déshumaniser, la société peut évoluer dans un sens déshumanisant. Bien que tendance normale, le progrès n'est que possible car il dépend de la libre volonté de l'homme : aller dans le sens de l'histoire apparaît comme un devoir de meilleur équilibre. D'où toutes les incohérences et les reculs des civilisations qui nous font oublier la grande ligne de montée esquissée de par les progrès de la connaissance. Erreurs que de dire que toute structure sociale est également bonne pour l'homme et de ne porter de jugement de valeur que du seul point de vue insuffisant de l'adaptation, en oubliant qu'il faut juger une structure sociale par son caractère normatif, ses possibilités de plus humanisation. Erreur que de refuser le progrès en affirmant que tout était mieux autrefois, quand l'homme ignorant et impuissant n'avait pas la pleine possibilité de s'humaniser, mais erreur encore que de baptiser progrès tout changement, d'être à la recherche d'un homme entièrement nouveau, alors que l'authentique nouveau c'est ce qui réalise mieux les possibilités d'origine, ce qui est plus conforme à la nature et ne dénature pas.

Nécessité de l'hygiène sociale.

Le drame de notre société actuelle, c'est que nous aurions la possibilité d'être tous bien plus humains. Il serait insensé de regretter le passé où l'homme était désarmé par son ignorance et de condamner le progrès scientifique et technique dans une volonté de retour à une vie naturelle en fait dénaturante pour l'homme. Mais ce qui fait la part de vérité des nostalgiques du passé, c'est qu'ils ont tout à fait raison de condamner les graves dénaturations de l'homme dans le monde moderne. Ce n'est pas le progrès technique qui est à condamner, ce sont les erreurs qui rendent l'homme esclave de la technique au lieu de mettre la technique au service de l'homme et de n'accepter que ce qui est vraiment profitable. Si nous devons protester contre tous les aspects inhumains et déséquilibrants de la vie moderne, c'est précisément que nous avons aujourd'hui la possibilité de créer des conditions de vie bien plus humaines, alors que par notre ignorance coupable et notre irréflexion, nous arrivons à dénaturer tellement le milieu qu'il devient bien plus impropre à la vie humaine que le milieu sauvage d'autrefois si peu épanouissant. La tribu primitive avec ses tabous était peu favorable pour l'individu. Celui-ci n'en était pas moins bien plus préservé que son descendant, perdu dans la foule des cités modernes où, devenu apte à bien plus de liberté, il ne peut pas davantage l'exercer. La tribu primitive est un stade dépassé, mais il s'agit de trouver les conditions actuelles d'épanouissement de l'individu. Problème qui ne se pose pas à la société animale simple où les mœurs sociales assurent tout ce qu'il faut pour l'équilibre individuel. La vie socialisée de l'homme moderne, spécialement dans les villes, ne sera équilibrante que, quand, acceptant la nécessité cérébrale humaine de réfléchir, nous établirons les règles de *l'hygiène sociale* pour la défense de l'équilibre et de la santé, une *biosociologie* et une *neurosociologie* que négligent malheureusement les sociologues perdus dans la description des structures sociales et oublieux de leur sens qui est la meilleure satisfaction des vrais besoins humains, donc de l'humanisation de l'homme et de la société.

Y a-t-il progrès de l'homme ?

Il est difficile d'être équitable vis-à-vis de l'homme primitif. Nous avons souvent tendance à trop diminuer l'écart qui le sépare de nous, ce qui revient à nier le progrès historique. C'est ce qui arrive, en particulier, quand on naturalise exagérément la conception chrétienne de la déchéance d'« Adam » par le péché originel. Nous nous figurons à tort, ce que la théologie la plus stricte n'a jamais exigé, qu'Adam, sans ce péché, aurait joui de l'épanouissement complet des possibilités humaines, ce qui est scientifiquement une absurdité. Etre dans l'équilibre de sa pleine nature d'homme, grâce à des relations authentiques avec Dieu, n'implique nullement de nier le caractère dynamique de cette nature qui comporte un progrès culturel de réalisation de génération en génération. Quelle que soit l'option métaphysique, l'homme n'est pas un être statique, mais un être dynamique. Loin d'opposer, comme on le fait, une perfection originelle où la nécessité du progrès est imposée par une chute, une régression à une imperfection d'origine exigeant le progrès, il est plus vrai de professer l'opinion moyenne plus logique de la nécessité du progrès, mais d'un progrès dont l'évidente nécessité rationnelle est obscurcie par un manque de bon sens et de sagesse qui est précisément ce que la théologie place dans l'expression péché originel qui, si on la dépouille d'une présentation mythique, devient une forte probabilité. Faiblesse d'origine des hommes qui les conduits à choisir la pente facile du laisser-aller déshumanisant de préférence à la voie difficile mais humanisante, une faiblesse d'origine chez un être responsable car libre de choisir entre la voie de montée et la voie de descente, malgré le manque de lucidité qui atténue, mais n'annule pas sa responsabilité. Le péché originel, objectivement, c'est l'incapacité et le refus par l'homme d'assumer sa nature et de reconnaître qu'il n'est de vraie volonté humaine que bonne.

Rappeler justement avec la science que l'humanisation est partie de très bas et qu'elle monte, même si sa montée est encore très insuffisante, ne doit nullement induire dans l'erreur d'abaisser l'homme primitif et d'en faire une sorte d'animal à peine perfectionné. Nous ignorons où, dans l'évolution des préhumains nous pouvons situer le pas de la réflexion; ce qui est certain, c'est que, si progressive que soit la série dans les stades successifs de cérébralisation, il n'y en a pas moins eu pour un certain degré de complexification quantitative du cerveau le franchissement d'une mutation qualitative révélant la nature différente humaine, spirituelle, du nouvel être, fleuron de l'évolution. Si primitif soit-il, le premier homme était homme; il n'était plus animal; il avait son cerveau humain organiquement achevé même si l'insuffisance culturelle ne lui permettait pas d'en tirer pleinement parti. Avoir un cerveau humain, c'est avoir franchi le pas de la réflexion, être apte à la vraie liberté et la vraie volonté, être capable d'amour et d'esprit religieux. C'est une erreur aussi grave pour un esprit scientifique d'animaliser le premier homme que de lui attribuer la science infuse et toutes les perfections.

Le progrès historique, progrès individuel et surtout généralisation de ce progrès à des individus de plus en plus nombreux, peut paraître minime quand nous comparons les élites de la Grèce antique aux élites actuelles, ou qu'inversement nous mettons en parallèle les Assyriens et la torture scientifique de notre époque. Mais c'est une erreur : si nous nous reportons au vrai début de l'histoire au moment du pas de la réflexion, quand l'homme primitif a commencé à révolutionner le monde en commençant à s'interroger sur son devoir, si nous jugeons de l'ensemble de l'humanité autrefois et aujourd'hui, un incontestable progrès se manifeste. Ce qui a d'abord été l'apanage de quelques-uns qui pouvaient réfléchir et penser, grâce à l'esclavage des autres devient, malgré encore de terribles insuffisances la propriété de tous. Ce fut un extraordinaire progrès quand saint Paul repoussé par les intellectuels d'Athènes s'adressa aux dockers de Corinthe plus aptes au fond à une saine réflexion. Avant de libérer les esclaves, il importait de leur rendre la dignité humaine et ceci était le vrai chemin de leur libération sans minimiser l'importance des progrès économiques.

La vraie libération : socialisation et noosphère.

Ce que veut l'homme, c'est être libre, toujours plus libre mais il n'a pas compris ce qu'est la vraie liberté, l'esclavage volontaire au bien que lui impose l'obéissance à l'équilibre individuel et social de son organisme. Les progrès scientifiques et techniques peuvent être facteurs de libération, mais seulement en référence à cet épanouissement dans la nature humaine par le bien, sinon ils sont aliénateurs.

L'homme étant un être de nature sociale, né par mutation au sein de sociétés de primates préhumains, a d'abord en sa liberté tenue en lisière par les usages sociaux de la société primitive dont nous connaissons mal l'origine. Très supérieure, d'une nature psychobiologique différente de l'animal, sa personnalité n'avait pas encore pleinement émergé de la conscience collective qui permettait mal la pleine réalisation de ses aptitudes à la liberté. Le progrès, basé sur la montée culturelle, donc sur un processus de perfectionnement social, s'est paradoxalement traduit par une émergence de la personne individuelle qui a semblé un recul de la socialisation. Illusion puisque ce progrès n'avait de réalité que par le progrès social. Mais cette illusion a conduit au préjugé d'opposer individuel et social. Nous avons oublié dans l'orgueil de notre libération, en cette adolescence d'une humanité qui n'a pas encore atteint la maturité, mais qui, comme tout adolescent, a le pouvoir de se détruire et de tout détruire, que nous sommes des êtres chez qui la socialisation est constitutive de la nature. Nous ne sentons plus en nous la nécessité des autres, le besoin d'aimer et d'être aimés, nous oublions que notre psychisme est basé sur l'emploi d'une langue et nous croyons possible de grandir dans l'égoïsme que nous prenons pour une affirmation de notre personne, alors qu'il en est la négation.

D'où l'ambiguïté de tout cet admirable mouvement de libération qui anime l'homme (et la femme) moderne. Légitime refus des contraintes sociales ou morales imposées et affirmation du droit de l'être à sa libre réalisation. Mais, au lieu de remplacer les contraintes par la réflexion lucide sur la nécessité du bien, on confond la liberté avec la possibilité de faire n'importe quoi dans le refus de la distinction du bien et du mal. Se voulant inhumainement libre, l'homme moderne devient bien plus esclave que l'homme d'autrefois, esclave de ses besoins organiques qu'il prend pour d'infaillibles instincts, esclave du conformisme ou de l'anticonformisme, esclave des ingénieurs inconscients, physiciens, biologistes ou psychologues qui lui font des conditions inhumaines de vie, pauvres cobayes aux mains de techniciens apprentis-sorciers, qui succombent par manque d'hygiène aux innombrables déséquilibres de la fatigue nerveuse.

Quel contraste entre le monde qui nous entoure et le rêve prophétique objectif du scientifique qui nous décrit, avec Teilhard de Chardin, cette société idéale où, basées sur l'amour, les relations sociales seront épanouissantes pour l'individu, cet aspect heureux de la socialisation indiquée également dans *Mater et Magistra*. Est-ce que le prophète de la noosphère est un utopiste oublieux du mal ? Nullement. Il n'a jamais dit que la noosphère était au bout d'un chemin facile. Il a simplement montré qu'elle était le destin normal et naturel de l'homme, c'est-à-dire ce qui exige un gros effort de lucidité réfléchie et de volonté. Destin normal de réalisation des possibilités de la nature humaine, elle ne nous paraît utopique qu'à cause de notre ignorance qui nous fait choisir les voies dangereuses de la facilité ou du faux moralisme. La noosphère, société de liberté ou plutôt de libération, c'est la société de personnalisation et d'amorisation où s'achèvera la mise en commun des volontés bonnes, toutes soucieuses dans la joie de l'effort de cette réussite de l'individu quand il se met au service de tous en essayant d'être meilleur lui-même.

Le vrai progrès de la civilisation est un progrès dans le mieux vouloir. Le drame c'est qu'ayant la possibilité de plus et de mieux vouloir, nous voulons au fond plus mal que nos devanciers, car notre hyperindividualisme nous a fait confondre les préjugés sociaux avec le bien, l'authentique morale. Le temps est venu de promouvoir et de sauver la volonté. La noosphère a besoin du progrès technique, mais elle n'est pas cette technosphère qui en serait la plus affreuse caricature. Le monde moderne demande ce supplément d'âme, de liberté, de lucidité et de responsabilité qui est précisément dans nos ressources inemployées et dilapidées : ce n'est pas un supplément, mais une utilisation plus complète et plus authentique. Or, nous allons en sens inverse et ce que nous demandons à la science ce n'est pas de nous enseigner à vouloir le bien, c'est de nous dispenser de vouloir grâce à des pilules nous forçant de faire ce qu'il faut. L'Inde possède dans sa tradition spirituelle toute une série de possibilités de se réaliser par la maîtrise de soi, tout ce qui tourne autour de l'entraînement yoga : ne serait-il pas plus juste d'enseigner ces techniques de maîtrise en ne les réservant plus pour une ascèse supérieure de refus du monde, mais pour permettre à chacun d'y tenir sa place, au lieu de s'orienter vers ce que l'Occident a de plus contestable ? Au pays où les moines pratiquent la maîtrise sexuelle, le gouvernement hindou s'est orienté, pour résoudre le difficile problème démographique, vers la monstrueuse solution de facilité occidentale de la stérilisation facilitée par une prime en argent. Sous des dehors réalistes et prétendus progressistes, il s'agit de la pire régression et déshumanisation.

Ici encore la morale s'accorde avec la connaissance biologique de l'homme. Le bien, c'est-à-dire le progrès dans le mieux vouloir, n'est pas simplement l'utilisation correcte hiérarchisée et normale des possibilités du cerveau humain par rapport au cerveau animal, afin de se comporter en adulte pleinement responsable, c'est se vouloir dans le sens de l'histoire. Non pas être l'esclave d'une inhumaine socialisation tendant à effacer l'individu devant la société, mais travailler à ce que les hommes puissent de mieux en mieux être hommes, c'est-à-dire réfléchir et choisir de toute leur volonté un meilleur bien, s'humaniser personnellement en étant humanisateurs, prendre en main personnellement leur destin, c'est-à-dire leur salut en même temps que celui de toute l'humanité dans une vraie morale qui est dynamique positive de réalisation de l'être, cette force qu'implique l'étymologie bien oubliée du mot *vertu*.

C'est à la lumière de ce sens de l'histoire qu'il faut juger, sans complaisance et sans sévérité, le drame du monde actuel qui est celui d'une humanité adolescente, blouson-noir, qui se veut libre alors qu'elle n'a pas appris ce qu'est le bon vouloir parce qu'une irréelle séparation entre nature et morale fait de ce qui devrait être l'hygiène suprême un moralisme déséquilibrant.

CHAPITRE VII

LES TECHNIQUES DU VOULOIR

Connaître son bien : la morale du cerveau.

Apte à vouloir et ne trouvant constitutivement son équilibre qu'en voulant ce qui lui convient à lui et aux autres d'une façon optima, l'homme *ne sait pas* vouloir. Il en a toujours été ainsi, mais la carence de la volonté du bien n'a jamais été si dangereuse qu'aujourd'hui dans une société en pleine transformation de plus en plus soumise aux initiatives de l'homme. Se voulant libéré et ayant le pouvoir de se libérer, l'homme ne peut se libérer vraiment car il ne sait pas la signification de la liberté humaine.

Que faut-il pour être libre ? Avoir un cerveau qui fonctionne bien, c'est-à-dire où la puissance réfléchie de personnalisation de la conduite ne soit supprimée ou freinée ni par les maladies, ni par les fautes d'hygiène, ni par l'ignorance et le manque de connaissance sur ce qu'est être homme et ce qu'il convient de faire et d'éviter pour l'être plus pleinement. Tout ce que nous avons dit précédemment doit être la base d'une connaissance de soi-même source d'une *culture biologique* qui ne soit pas accumulation encyclopédique de connaissance, mais possibilité de se conduire en homme. Pour bien vouloir, pour être libre, il faut savoir ce qu'est la liberté humaine, il faut connaître la loi morale et la suivre. Mais nous avons vu que la loi morale n'est bonne que dans la mesure où on la comprend, d'où la nécessité de compléter le point de vue traditionnel trop souvent confondu avec un moralisme déséquilibrant par une *morale du cerveau* nous précisant les vraies conditions humaines incarnées de la liberté et de la volonté nous présentant le mal comme une incapacité technique d'ignorant ou de coupable ne sachant pas se servir de son cerveau, le bien comme un pouvoir d'humanisation, d'épanouissement humain individuel et social. Le bien n'est pas une contrainte négative d'éviter une tendance incoercible au mal, c'est le difficile et joyeux effort de monter, aspect positif et profitable de la réalisation de soi.

Le point de départ de toute volonté libératrice de bien faire est donc d'avoir compris la *nécessité psychobiologique du bien*, sa logique et l'irrationalité stupide d'un mal déséquilibrant qui, malgré son aspect tentant, n'est que bêtise, ignorance ou désir masochiste et sadique de destruction. Ce que dit le moraliste traditionnel se confirme pour tous les hommes en dehors de toute option métaphysique car il n'est pas au pouvoir des hommes d'utiliser leur cerveau autrement que ce pour quoi il est fait sous peine de déséquilibre.

N'y aurait-il donc qu'à enseigner la morale du cerveau pour que tout aille bien et que la logique du bien et de la vraie vertu s'empare de toute l'humanité ? On ne dira jamais assez la nécessité de l'éducation puisque nous souffrons aujourd'hui plus de l'ignorance que de la volonté du mal, une ignorance qui serait coupable si ceux qui en sont capables s'étaient donné la peine d'enseigner une science humaine normative, ce à quoi ils continuent à répugner inexplicablement. Mais cette éducation rationnelle ne suffit pas. Il faut agir ainsi. Mais la plupart des hommes, si on les amène à reconnaître le bien, s'affirment incapables de le vouloir par incapacité totale de maîtrise. Ils ne peuvent pas vouloir car ils ne savent pas vouloir : on ne leur a pas appris à vouloir.

Education psychophysique et volonté.

Nous vivons sur le préjugé que vouloir c'est utiliser une force mystérieuse pour maîtriser une incoercible tendance. Il s'agit de bander ses muscles et ses énergies en un effort inhumain pour agir ou s'empêcher d'agir. Or de cet effort, nous ne sommes pas capables. Nous avons subi une éducation physique qui, outre une hygiène élémentaire, visait à développer nos muscles, éducation de l'effort physique pour développer la dynamique de la contraction. L'esprit de l'éducation physique serait à repenser entièrement dans le but de développer la volonté. Deux erreurs sont à éviter. En premier lieu, l'éducateur physique n'est pas un éducateur du muscle, il est un éducateur du cerveau. L'éducation n'est pas physique, visant à accroître démesurément et inesthétiquement (quoi qu'en pensent les jurés des Concours d'Apollon) les masses musculaires, mais elle est une éducation du cerveau, non pas de l'écorce motrice ou de la volonté, mais une éducation des centres régulateurs de l'harmonie du geste sous le contrôle de la volonté, une *éducation psychophysique* qui nous apprend à agir correctement et économiquement en augmentant l'efficacité dans une réduction de l'effort. Quand l'éducateur physique aura compris que l'essentiel, qu'il s'agisse d'entraînement ou de fatigue est dans la régulation cérébrale, il saisira pourquoi tout ce qui favorise l'harmonie motrice est ce qui est favorable à toute l'harmonie psychosomatique, l'équilibre du cerveau dans toutes ses fonctions. La morale du sportif est la morale de l'homme; il lui suffirait d'en reconnaître la nécessité générale en dehors de l'entraînement musculaire. L'éducateur physique est appelé à devenir le principal professeur d'éducation et de culture humaines, le jour où il aura compris le véritable sens de l'entraînement qu'il donne et qui ne conduit pas à la réalisation de performances dans un effort désespéré et inefficace de volonté, mais dans de bonnes habitudes qui donnent la victoire avec aisance, sans la vouloir dans l'instant, mais en l'ayant patiemment préparée par un entraînement incessant en quoi consiste précisément la vraie volonté.

La seconde erreur préjudiciable à la transformation humaniste de l'éducation physique c'est qu'elle est trop orientée vers l'exécution d'un mouvement, alors que le plus important pour réaliser ce mouvement est d'apprendre à se concentrer, à se freiner, à faire attention et par conséquent à *se détendre* et contrôler sa détente pour plus et mieux agir. Comme nous l'avons indiqué, nous avons à prendre conscience de l'état de tension de nos muscles, si important pour le mouvement. Sortant du préjugé de la volonté d'agir, il nous faut nous concentrer sur l'aspect complémentaire du muscle, organe sensoriel, qui nous renseigne sur sa tension. D'abord savoir sentir et se relâcher pour pouvoir vouloir.

Non s'efforcer de concentrer sur l'instant une barrière volontaire, mais s'habituer à maîtriser volontairement toute sa dynamique cérébrale, ce qui permettra de réfléchir et de se contenir en toutes circonstances.

Le plus important n'est donc pas l'action, mais sa représentation mentale, ce qui fait que, sans négliger d'agir, on peut déjà s'entraîner par la pensée, en commandant non les muscles mais leur image cérébrale sensitive et motrice. La maîtrise du corps est dans la maîtrise du cerveau où se reflète tout notre corps.

L'exemple oriental : le yoga et le zen.

Sans qu'il soit nécessaire d'en assimiler l'esprit méta-physique et mystique, nous aurions beaucoup à retenir des réalisations orientales de maîtrise psychophysique. Non en les détachant du contexte religieux hindou pour en faire une simple culture physique hygiénique, mais pour le réinsérer dans une perspective d'humanisme laïque ou chrétienne comme l'a si bien montré le R. P. Déchanet. Toute une auréole ésotérique de mystère plane sur le *yoga* pour lequel plaide un certain snobisme. Il faut rejeter éso-térisme et snobisme, éliminer tout ce qui est inacceptable du point de vue de la science moderne et en retenir tout l'admirable contenu de formation de la volonté par la détente, le calme, le repos, ce dont notre époque surmenée a le plus grand besoin, régulation des postures et des attitudes en rapport avec un état mental recherché, régu-lation de la respiration.

Mais c'est sur la manière dont très justement le *boud-dhisme Zen* conçoit la volonté que nous voudrions attirer l'attention, car elle s'accorde parfaitement avec ce que nous avons suggéré scientifiquement. On lira avec profit la brochure d'un Occidental, E. Herrigel, qui s'est initié au Japon au « zen dans l'art chevaleresque du tir à l'arc ». Pourquoi le tir à l'arc ? Ce pourrait être n'importe quelle activité, par exemple, pour une femme, l'art japonais de composer un bouquet. L'important n'est pas d'apprendre à faire quelque chose, mais d'apprendre à se maîtriser et de réussir, sans le vouloir directement, des performances qui nécessitent calme et vraie maîtrise. Rien n'est plus intéressant que de comprendre comment, en voulant, on ne peut pas et comment en ne voulant pas directement, on apprend à réussir. « On ne tire pas à l'arc, dit le maître japonais, pour fortifier ses muscles. Pour tendre la corde, il ne faut pas engager toute la force de votre corps, mais apprendre à laisser vos deux mains exécuter tout le travail, cependant que les muscles des bras et des épaules restent relâchés et paraissent ne prendre aucune part à votre action. C'est seulement lorsque vous serez capables de cela que vous aurez rempli l'une des conditions grâce auxquelles vous banderez l'arc et tirerez en esprit... Si vous ne pouvez pas bander l'arc, c'est que vous ne respirez pas selon les règles. Après l'inspiration, refoulez doucement le souffle, pendant un moment, conservez-le là à cet endroit, ainsi la paroi abdominale se tendra modérément. Ensuite, expirez à fond le plus lentement possible et le plus régulièrement, à nouveau inspirez vivement après une brève pause et continuez ainsi en une alternance d'inspiration et d'expiration dont le rythme s'établira tout doucement de lui-même. Alors, en exécutant tout cela dûment, vous constaterez que le tir à l'arc deviendra pour vous plus facile chaque jour. En respirant ainsi, vous découvrirez de plus le principe de toute force spirituelle, et plus vous serez décontracté, plus vous constaterez que cette source ruissellera dans tous vos membres. » Un jour que je lui faisais remarquer combien je m'efforçais consciencieusement à rester décontracté, le maître répliqua : « C'est justement parce que vous vous y efforcez, parce que vous y pensez. Concentrez-vous exclusivement sur la respiration comme si vous n'aviez rien d'autre à faire. Ce qui pour vous est un obstacle c'est votre volonté trop tendue vers une fin... Libérez-vous de vous-même, laissez derrière vous tout ce que vous êtes. » Ainsi c'est par une certaine dépossession, un certain détachement qui n'exige pas une réussite immédiate dans un effort crispé que l'on parvient au succès.

Nécessité de la détente : les méthodes de relaxation.

Il existe donc toute une série de techniques qui nous permettent d'apprendre à vouloir : loin de viser la volonté, elles tendent à l'équilibre général. Très différentes en apparence, leur mode d'action s'avère en définitive très voisin. Nous n'avons pas appris à agir pleinement consciemment, en restant aux automatismes de l'enfance. Nous avons dans notre cerveau, grâce à l'existence des centres régulateurs de la base, tout un automatisme harmonisateur qui permet l'attention et la distraction. Il nous faut en apprendre la maîtrise et cela nous est d'autant plus difficile et nécessaire qu'à l'absence d'éducation s'ajoute le déséquilibre et la surexcitation de l'appareil régulateur par l'énervement du surmenage nerveux.

Celui-ci se traduit par cette crispation physique et mentale qui paralyse tous nos efforts de volonté et de lucidité. Il faut apprendre à détendre, relâcher notre appareil nerveux régulateur. Parmi les méthodes de détente, à côté des précédentes, il faut plus spécialement insister sur les méthodes de *relaxation musculaire* d'une part, sur la *méthode Vittoz de rééducation du contrôle cérébral* de l'autre. Deux méthodes très différentes en leur principe, mais qui arrivent finalement à un résultat semblable.

C'est le déséquilibre des centres régulateurs qui est responsable de la crispation des muscles : on devra donc s'exercer à se détendre et se décrisper. Ceci aura un double avantage : d'une part les muscles détendus n'enverront plus de messages sensitifs réflexes accroissant l'énervement, d'autre part ce sont les mêmes centres régulateurs qui sont responsables de la détente musculaire et de la détente cérébrale. Travailler à détendre les muscles c'est travailler à se détendre de façon générale. Il serait facile de provoquer une détente passive artificielle pas anesthésie ou par hypnose : bien plus utiles sont les méthodes *actives* où sur les conseils d'un moniteur le sujet apprend à se détendre en pratiquant certains exercices. Il s'éduque ainsi à utiliser les pouvoirs de son cerveau : il apprend à vouloir en apprenant à se détendre, à se calmer. Les méthodes pratiques de relaxation sont nombreuses et nous ne voulons pas les envisager en détail. Avec Jacobson, l'accent est plutôt neurophysiologique de détente musculaire, avec Schultze et son *training autogène*, c'est le niveau psychologique qui est atteint et on aboutit à un vrai état d'*autohypnose* qui, comme le yoga, n'a pas que l'aspect négatif de somnolence mais comporte une hyperactivité concentrée de type extatique. Aux techniques de relaxation proprement dites, il faut ajouter les méthodes plus actives d'expression corporelle où la relaxation est obtenue dans une succession d'exercices musculaires, de l'ordre de la danse rythmique, mais dans un esprit tout différent.

Contrôle cérébral par la méthode Vittoz.

La base de la relaxation est dans la prise de conscience de l'état de tension des muscles en se guidant par exemple sur la sensation de pesanteur. Dans la psychothérapie de la méthode Vittoz dont l'origine est plus empirique, mais qui vise une rééducation plus complète du contrôle cérébral, on part d'une prise de conscience de toutes les sensations auxquelles nous ne prêtons pas attention : il s'agit de percevoir les impressions sensorielles élémentaires « comme un enfant au réveil », impressions venant de son propre corps comme celles de la sensibilité musculaire, et celles du milieu extérieur. Cette rééducation de l'attention sensorielle se complète par l'utilisation de la prise de conscience et de la mise sous contrôle volontaire, au cours d'exercices, d'automatismes comme la marche ou la respiration. On apprend le contrôle de l'émissivité, à diriger par imagination son énergie psychique sur tel point du corps [1] en y con-

---

[1] Ce qui est d'abord son équivalent cérébral. Se suggestionner, envoyer, sans un organe pour l'apaiser, son fluide nerveux ou sa

centrant son attention et évitant la dispersion. Un autre aspect porte sur le contrôle des images mentales, se représenter des figures géométriques simples et faire des exercices d'élimination, éliminer une image mentale sur trois ou cinq. A un sujet qui est la proie des distractions, on apprend ainsi à contrôler son cerveau en fixant son attention et en apprenant à se détendre. Rien n'est plus facile que de méditer les « notes et pensées » du Dr Vittoz qui montrent bien le but proposé par sa méthode qui est le moyen de réapprendre à vouloir sans s'attaquer directement à la volonté, mais à la cause du manque de volonté, l'impuissance à diriger son cerveau. A un sujet sans maîtrise, il s'agit de redonner le pouvoir de synthèse personnalisante, de le ramener à l'unité.

« Les actes conscients, nous dit le Dr Vittoz, doivent arriver à être naturels, à faire partie de vous-mêmes. Faites pendant des mois et des mois des actes conscients et arrivez par cette voie à la liberté de la volonté, c'est-à-dire à être indépendant de toute situation. »

Conseils pour l'homme normal.

Par la voie des techniques de relaxation, la médecine occidentale redécouvre sur le plan de la psychothérapie psychiatrique, puis en hygiène du travail ce qu'il y avait de juste dans les techniques orientales. Une synthèse est en train de se faire qui fera disparaître tout inutile ésotérisme. Ce qui a nui scientifiquement à la psychothérapie vittozienne, c'est que le contrôle du déséquilibre et du rééquilibre cérébral se fait en appréciant sur le front l'état de « vibrations cérébrales » du sujet. La neurophysiologie

respiration n'est pas si faux qu'il semble, puisque c'est établir une relation intracérébrale avec l'image cérébrale de l'organe. C'est ainsi qu'on arrive à vouloir indirectement dans le domaine de l'involontaire qui, nous l'avons vu, est aussi cérébralisé.

actuelle qui, certes, est loin d'être achevée, ne nous permet pas de bien savoir ce que pourraient être ces vibrations. Pratiquement peu importe, car ce qui est certain c'est que les exercices proposés sont un excellent moyen de rééquilibre et d'éducation de la maîtrise de soi scientifiquement justifié et dont on aurait bien tort de se passer uniquement à cause de la difficulté d'interpréter les vibrations vittoziennes.

En fait, s'il existe divers types de technique de détente permettant la reprise de la maîtrise, il est bon de distinguer entre la thérapeutique des névroses exigeant une technique sûre, médicalement contrôlée, d'autant plus qu'elle ira loin dans la personnalité du sujet, et le problème tout différent de l'éducation de la maîtrise de soi chez les gens normaux ou de la rééquilibration des fatigués. Ici il nous faut éviter deux écueils. Le premier c'est la solution de facilité qui propose des solutions sans valeur dont l'efficacité est purement de suggestion et qui dépendent de charlatans visant surtout un gain financier. Mais il ne faut pas, pour éviter cela, tomber dans l'autre erreur qui est de penser que ces exercices sont à faire enseigner uniquement par des médecins. Pour les non-malades et après avoir vérifié qu'il en est bien ainsi, il est possible d'emprunter des éléments aux méthodes précédentes et de donner à chacun ces possibilités de détente et de surrepos que la vie moderne rend si nécessaires, ce qui, bien entendu, ne doit pas conduire à oublier de tenter aussi de remédier à cette vie.

L'être humain, nous l'avons vu, à l'inverse de l'animal, doit tout apprendre; il vit en général sur des préjugés déshumanisants. Il doit en particulier *apprendre à se reposer* d'autant plus que sa vie est plus fatigante. Autrefois l'excès de fatigue physique conduisait au sommeil réparateur, aujourd'hui la fatigue nerveuse est source d'insomnie. Ce n'est pas se reposer pour des gens surmenés que de simplement changer d'occupation en ayant des loisirs aussi trépidants, énervants, antihygiéniques au milieu d'un bruit déséquilibrant. Mieux vaut consacrer moins de temps au repos, mais se *reposer plus à fond*. C'est ce que permettent toutes les méthodes évoquées et que chacun devrait avoir appris même s'il n'est pas surmené pour éviter de l'être un jour.

C'est à partir des préoccupations les plus différentes qu'on retombe sur les mêmes méthodes de prise de conscience, de détente. Quand il s'agit de triompher des *douleurs de l'accouchement*, préjugé social, en apprenant à la femme à diriger elle-même volontairement son accouchement, les exercices qui sont proposés sont des exercices de maîtrise respiratoire et de détente. On gagnerait à savoir que ces exercices permettent une maîtrise générale qui ne concerne pas seulement l'accouchement, mais la lutte contre la fatigue nerveuse. Ce n'est donc pas la femme enceinte qui est seule concernée, mais ce sont précisément les techniques qui devraient être données à la base de toute éducation physique visant à donner à tout le monde, non de la force physique, mais la possibilité de garder calme et maîtrise, secret de la volonté lucide.

Quand Scandel s'élève contre l'abus des hypnotiques et préconise pour les gens normaux le retour au sommeil naturel, ce sont des exercices de même ordre de reconditionnement du calme générateur de sommeil qu'il propose dans son livre « Victoire sur l'insomnie ». Pour favoriser la maîtrise si difficile de la sexualité, il ne s'agit pas de faire des sermons, mais de donner un contrôle cérébral : ce fut le mérite du P. Chanson de s'en être rendu compte; dans son petit livre « Pour la santé du corps et de l'esprit », il vulgarise à la portée de tous tout un ensemble d'exercices d'éducation psychophysique avec maîtrise des attitudes, de la respiration, de la marche. Il apprend à se déconditionner des mauvaises habitudes et se reconditionner dans des bonnes, en associant une situation corporelle à une situation morale. C'est avec de tels exercices qu'il facilite aux adolescents la lutte contre la tentation de masturbation qui risque de les maintenir dans une insuffisance de volonté et une immaturité affective qui n'en fera jamais de vrais adultes et c'est cette même maîtrise qui lui paraît justement la clé de l'harmonie conjugale, rendant inutile l'emploi des contraceptifs pour limiter la fécondité, ces mauvais remèdes à l'absence de maîtrise qu'on ne rendra pas inutiles par des appels « spirituels » à la maîtrise, mais par l'éducation du contrôle cérébral.

On retrouve les mêmes exercices sous la plume de M. Kohler qui, ayant décrit l'angoisse des hommes d'aujourd'hui, veut y remédier par des « techniques de la sérénité ».

Ce sont là quelques exemples à méditer parmi beaucoup d'autres qui montrent comment une éducation du cerveau est à mettre au service d'une moralisation humanisante. En fait, comme nous l'avons vu dans le cas du tir à l'arc, il s'agit d'un esprit à donner à toutes nos actions. Ce n'est pas seulement l'éducation physique à transformer au service de la vraie formation de l'homme; il peut en être de même de toute éducation, comme nous l'avons vu en évoquant l'éducation nouvelle et plus spécialement la méthode Ramain. Il faut favoriser tout ce qui forme l'attention, tout ce qui évite la passivité. Tout acte, quel qu'il soit, que nous exécutons machinalement peut être l'occasion d'un exercice de maîtrise, en le sentant et en contrôlant l'exécution, par exemple la marche. Si l'éducateur physique obnubilé par son attention au muscle ne remplit pas pleinement son rôle, il est un autre spécialiste de la bonne utilisation de son cerveau, c'est le *chanteur*. Notre voix ordinaire est mal réglée car nous parlons machinalement [2] sans nous soucier des sensations qui nous viennent de l'oreille ou des muscles phonatoires ou de tous les récepteurs du thorax, du cou, sensibles aux vibrations vocales. Au contraire, le chanteur sans en faire l'analyse consciente, sait très bien les utiliser pour régler sa modulation sonore. Le chant est en somme une phonation bien plus consciente et bien plus volontaire : il suffirait de le savoir pour en tirer une possibilité de formation. Il en est de même de la *danse* considérée comme expression corporelle, prise de conscience dans un travail corporel qui permet de rectifier les mauvaises habitudes et de favoriser la détente. L'écriture où, comme nous l'a montré la graphologie, s'exprime la personnalité, a pu servir à une rééducation (*graphothérapie :* Olivaux); il est certain qu'une telle graphothérapie utile aux névrotiques pourrait constituer un exercice de rééquilibre et de maîtrise de soi pour les gens normaux. Il en est de même de tout travail ou de tout jeu et les exercices si profitables d'ergothérapie des malades mentaux (Sivadon) seraient à utiliser pour le sujet normal.

Le caractère s'exprime dans les traits du visage : la *prosopologie* (Ermiane) se propose d'élucider, mais ici aussi la recherche volontaire de l'imitation d'un type de visage peut conduire à une transformation de la personnalité dans le sens de l'imitation.

Psychopédagogie de la volonté.

Il ne faut pas minimiser les pouvoirs de la suggestion qui n'est pas illusion mais conditionnement cérébral. Ce que fait la pathologie névrotique, par exemple dans l'hystérie,

---

[2] On peut s'entraîner par la lecture consciente à haute voix ou mentalement. Signalons aussi les exercices d'éducation de la vue (*L'Art de voir*, G. Huxley, un excellent livre d'éducation de la volonté) ou de l'oreille (Tomatis).

révèle les pouvoirs que possède le cerveau et que le sujet normal peut apprendre à mieux utiliser. Il ne s'agit pas d'étendre exagérément le pouvoir de la volonté pour faire des prouesses spectaculaires par exemple dans le domaine viscéral, mais de donner toujours la prépondérance au cerveau supérieur sur les automatismes du cerveau inférieur afin d'humaniser pleinement toutes nos conduites, cette référence à des valeurs supérieures qui, dans l'Inde également, permet de distinguer le fakir de foire à l'activité commerciale de l'authentique ascète qui ne vise la maîtrise corporelle que pour la maîtrise spirituelle. En psychologie animale, l'intelligence se manifeste dans les conduites de *détour*, la possibilité de maîtriser l'impulsion à aller tout droit, ce qui montre la compréhension du problème. C'est aussi le secret de la volonté humaine qui consiste à retarder l'acte pour bien réfléchir à sa nécessité et aux conditions de son exécution, ce qui exige le calme.

Voici comment, très simplement, J. de Courberive nous propose un aide-mémoire pédagogique de la volonté : « 1) Prends ton temps pour préméditer ton acte : a) précise ce que tu veux b) et pourquoi tu le veux. 2) Dresse un plan d'action aussi rationnel que possible. Ici rationnel veut dire : réaliste qui tient compte de toutes les données, y compris l'inévitable, accepté et par là rendu en quelque sorte volontaire.

3) Couronne ce plan d'une décision irrévocable (autrement ce ne serait pas une décision). Dès lors sache dire NON à tout ce qui n'entre pas dans ton plan. 4) Préimagine ton acte; fais-en la répétition générale sur l'écran cérébro-mental. 5) Réitère-toi énergiquement l'injonction : allons-y. 6) Exécute sans délai, sauf raison majeure. Fais-le bien et achève-le de façon à n'avoir pas à y revenir. Dans chacune de tes réalisations cherche le définitif. Et accomplis joyeusement tous les articles de ton programme... L'efficacité

des petits moyens est à peine croyable et l'utilisation des actes quotidiens forge des volontés trempées : n'attendez pas les grandes heures pour escompter faire des actes héroïques. Qui se montre lâche dans la vie cachée n'a pas l'étoffe des héros. L'existence quotidienne la plus banale nous offre mille occasions de nous affirmer, de nous développer : écrire lisiblement, former des phrases construites et achevées, observer la propriété des termes, parler assez distinctement pour que l'interlocuteur ne soit pas contraint de multiplier les s'il vous plaît. Enfantillages ?... Nullement : contrôle de soi. »

« Est-il état plus délicieux, écrit C. Prudence, que la maîtrise de soi, la paix intérieure ?... La paix intérieure authentique n'est pas un état négatif, mais positif. La pureté sans trouble aucun n'est pas une force; le calme sans maîtrise de l'agitation n'est pas une sécurité; la tranquillité sans combat n'est plus que paresse ou abdication... Lorsque l'homme se connaît bien dans sa condition et ses caractéristiques, il peut établir en lui-même une paix inaltérable, parce que basée sur la connaissance de soi et la certitude du réel... La paix est inconciliable avec l'agitation des pensées, le tumulte des sentiments et les caprices de la volonté. Elle réclame le contrôle des pensées, la domination des sentiments et le choix libre du vouloir... Point de paix pour l'homme égaré, hors de lui-même qui se fuit pour chercher à l'extérieur les mobiles de son comportement et les moyens de son consentement. »

Ainsi il n'y a pas de recette magique de volonté qui dispenserait de l'effort et il ne faut pas se décourager des échecs à condition de ne pas s'y installer. L'habitude de la maîtrise de soi guérit d'ailleurs de la phobie du scrupuleux qui n'ose pas vouloir. Mais pour qui sait faire son unité et sa synthèse, la volonté est facilitée. Il importe de savoir s'analyser et si la psychanalyse insiste sur l'aspect analytique c'est pour faire prendre conscience des éléments névrotiques perturbateurs, mais il ne faut pas se perdre dans l'analyse et l'essentiel est l'aptitude à la *psychosynthèse* à laquelle s'efforcent diverses tentatives psychothérapiques [3].

« Heureux les doux car ils posséderont la terre » nous dit le Sermon sur la montagne. « En quoi consiste cette douceur, nous dit le R. P. Carré; j'ai dit qu'il fallait la réhabiliter. En effet sa signification profonde s'est dévaluée. On la ramène à une passivité bienveillante. Aucune aspérité dans le caractère, pas de réactions vives, ni d'agressivité, une bonhomie naturelle ou affectée qui supporte tout : telle est l'idée que l'on se fait volontiers de la douceur... Parlons de l'attitude contraire à la douceur... A la douceur ne s'oppose pas, comme vous pourriez le croire, la violence, n'importe quelle violence, mais la raideur. A côté de la raideur apparaît une autre attitude voisine de celle-là : l'endurcissement. » A l'attitude nuque raide et cœur de pierre il faut opposer la malléabilité.

« Evidemment, si vous vous en tenez aux apparences, il n'y a pas plus dépouillé, moins en possession de soi, que l'homme qui ne résiste pas à Dieu, qui est malléable entre ses mains. Cependant regardez de plus près. De quoi s'est-il dépouillé ? De ce que nous appelons sa raideur, de tous les refus qu'il opposait à Dieu et à ses frères, dépouillé de sa dureté, de ses prétentions, de ses amertumes... Cet homme, jusque-là enfermé en lui-même, dites plutôt qu'il s'est délivré, arraché à une étroite prison. » L'esprit de douceur c'est d'abord la maîtrise de soi, « si vous vous appliquez courageusement à contrôler vos réactions, à maintenir l'équilibre de votre jugement et de vos actes, vous atteindrez la source de beaucoup de paix et de bonheur ». C'est

[3] Voir l'œuvre de Stocker, de I. Lepp, de R. Desoille, de Assagioli, etc.

« refuser de se laisser asservir par son corps ou par son argent devenus des idoles ».

Ainsi le secret de la volonté du bien est dans le refus de la dénaturation orgueilleuse. Si le souci de l'avenir est le propre de l'homme, s'il est une bonne et légitime inquiétude qu'il serait inadmissible de supprimer par quelque tranquillisant chimique, il n'y en a pas moins une inquiétude excessive à la lisière du pathologique de celui qui est toujours soucieux et tendu, dépassant ainsi sa résistance. On connaît le poème de Péguy où Dieu célèbre l'abandon du petit enfant, non de l'infantilisme, mais la sage détente confiante du vrai adulte, qui sait remettre à demain et se reposer, oubliant tout dans le bienfaisant sommeil.

Finalement c'est dans la confiance qu'est le secret de la volonté. Il ne suffit pas de comprendre et de savoir. Comme dans tout engagement humain personnel important, il faut y croire de tout son cœur. C'est seulement alors qu'il faut apprendre. Mais apprendre reste indispensable.

CHAPITRE VIII

AMOUR ET VOLONTE :
LA PASSION DE L'OPTIMUM

.

Spontanéité et cerveau : vouloir aimer.

Usuellement, amour va de pair avec spontanéité et liberté, fantaisie; cela semble s'opposer totalement à cette dure contrainte qu'évoque l'idée de devoir, de volonté. C'est peut-être là le secret du drame de notre époque. Il nous faut apprendre ce qu'est l'amour humain, ce qu'est la liberté humaine, ce qu'est la spontanéité humaine. Désireux de libération, ne voulant plus obéir à des règles contraignantes, ce en quoi nous nous montrons plus adultes, nous confondons la liberté avec le pouvoir de faire n'importe quoi. Autrefois les contraintes sociales maintenaient un certain équilibre, qui n'était pas pleinement humain. En rejetant à la fois le moralisme et la morale, nous aboutissons aux pires aberrations. Il suffit d'ouvrir les yeux, ce que nous ne faisons pas ou alors nous invoquons la fatalité, pour voir où nous conduit la fantaisie de ce que nous appelons la spontanéité de l'amour. Elle est belle et humaine cette prétendue liberté qui est esclavage d'une chair déchue car détournée de sa signification ! La libération des besoins et des complexes, des ignorances et des immaturités fait de l'humanité quelque chose qu'on ne saurait sans erreur appeler une jungle car dans la jungle tout est soumis à l'harmonie des instincts animaux.

Rien n'est plus significatif que les réactions devant la vraie maîtrise cérébrale de soi dans la sexualité. Ce que veut, nous dit-on, le couple moderne c'est être libre d'avoir des relations charnelles à sa fantaisie, quand il en a envie. D'où le refus d'une continence périodique liée au cycle féminin : le mari ne va pas être esclave des hormones de sa femme. Il est vrai que dans une illogique incohérence les adversaires de la continence périodique, prenant l'exception pour la règle, et considérant la femme comme devant être esclave de ses hormones, n'hésitent pas à affirmer contradictoirement, après avoir au nom de la spontanéité, repoussé la continence périodique, qu'il est nécessaire pour la femme d'avoir des rapports sexuels au moment de l'ovulation. On sait où mène cette charmante spontanéité qui n'est qu'érotisme hormonal d'un être humain dont le cerveau n'est que machine à jouir (et encore car la jouissance se perd dans un automatisme inconscient) : la femme sacrifiée au désir de l'homme : démoralisation de la jeunesse, prostitution, avortement, divorce, etc. Voilà les fruits de la spontanéité irréfléchie. Il est vrai que les partisans de la « maternité volontaire » nous livrent le secret de la volonté et de la civilisation : les moyens contraceptifs, moyen de défense permettant à la femme d'être sans danger à la disposition de l'agresseur mâle tout en se laissant aller à l'orgasmomanie. Ils oublient d'ajouter que, devant les échecs inévitables de la méthode, une autre recette de volonté consistera à généraliser l'avortement thérapeutique ou éventuellement cette irréparable et déséquilibrante mutilation que constitue la stérilisation chirurgicale. Penser que dans le contexte actuel d'ignorance et d'immaturité sexuelle il sera possible de ne pas accroître la démoralisation par la contraception est une dangereuse utopie.

Il n'y a qu'une procréation volontaire, celle qui se base sur l'éducation à une sexualité humaine où, grâce à la maîtrise cérébrale de la sensualité les époux, dans la joie d'une union spirituelle dans la chair, décident librement fécondation ou non-fécondation grâce à la possibilité qu'ils ont de maîtrise de l'éjaculation et de connaissance de la fertilité féminine.

On répond alors que « la cérébralisation excessive contrarie l'élan affectif et sexuel des époux par des calculs de périodes et de températures ». On ajoute que cela est peu poétique. Comme est poétique la cuisine contraceptive qui, il est vrai, ne concerne que la femme et pas cet irresponsable immaturé que serait l'homme. Comme est poétique le manque d'abandon de la femme qui redoute la grossesse, avec ou sans appareil, le refus violent qu'elle oppose à son mari. N'est-il pas plus humain non de se défendre l'un contre l'autre, mais de se connaître ensemble dans la maîtrise de sa physiologie ?

Récemment, dans une conférence, le Dr Eck [1] prenait lui aussi de façon surprenante le parti des ennemis du cerveau : « autre facteur qui contribue à la pesanteur de l'ennui, c'est l'excessive cérébralisation qui accompagne l'indispensable progrès. Tant mieux si la pensée l'emporte sur l'instinct, mais certaines choses ont peut-être davantage besoin d'être senties que pensées. L'homme de demain ne sera-t-il qu'une masse sphérique globuleuse, remplie par un immense cerveau qui s'ennuie dans sa coque ? L'amour lui-même se cérébralise et l'art d'aimer devient quelque chose de rigoureusement pensé et codifié. Je suis, bien

[1] L'ennui et les loisirs. CCEF 1963.

entendu, à l'opposé de nier l'extrême importance d'une éducation sexuelle complète et généreuse. Mais la présentation de celle-ci est trop souvent l'ennuyeux catalogue de documents et de recettes dans lequel il n'y a plus de place pour le sens du mystère et la joie de la découverte. L'amour technique a remplacé la poésie de l'amour. Que l'intelligence doive contrôler l'instinct, c'est évident, mais quand on voit écrit noir sur blanc qu'il n'y a pas d'instinct sexuel chez l'homme et que le cerveau est le premier organe sexuel de l'homme, j'ai peur que l'amour ne devienne un jour quelque chose de bien ennuyeux ».

Qu'il faille éviter une telle catastrophe, tout le monde doit en être d'accord et l'un des grands soucis des partisans des méthodes naturelles de régulation de la fécondité est de lutter contre la technomanie : non pas la « méthode » des températures, mais connaissance et maîtrise de soi grâce au diagnostic thermique de l'ovulation. Tel est l'esprit du film du Dr Chartier, tel est l'esprit de tout l'apostolat du Dr Van der Stappen rapporté dans « la grande joie d'aimer » [2] : tel est l'esprit de la plus complète brochure d'éducation sexuelle des adultes : « pas d'amour au rabais » [3] nécessité de la technique mais en référence au plus humain. L'important n'est pas tant le diagnostic de l'ovulation que l'éducation de la continence. Sans éducation au niveau inhumain de sexualité où nous sommes, il est exact que la continence est contre nature parce que nous sommes dénaturés. Il faut rendre la continence naturelle. Cela ne va pas de soi et ne se réalise ni par moralisme, ni par volontarisme, mais par éducation du cerveau.

Nous souffrons tellement du manque de cérébralisation qu'on pourrait se réjouir qu'on mette un peu de réflexion dans les problèmes humains. Mais peut-il y avoir excès ?

[2] Dr Vincent, *La grande joie d'aimer*, Julliard, éd.
[3] Ed. La Voix de l'Ain, Bourg-en-Bresse.

Nullement, car l'ennuyeuse cérébralisation que redoute Eck, en évoquant mes prises de position personnelles sur la sexualité cérébrale, est précisément une cérébralisation incomplète. Il s'agirait de remplacer le préjugé du cerveau de l'instinct par le préjugé du cerveau rationaliste. Or ce n'est pas là la pleine dimension humaine.

Mettre la sexualité humaine sous le contrôle du cerveau, ce n'est pas tuer l'amour pour le remplacer par la raison au sens étroit et desséchant de ce mot, c'est la mettre au service de l'amour, c'est refuser la fausse coupure contre l'érotisme sentimental et l'amour spirituel platonique et désincarné.

Nous l'avons vu, en rappelant la hiérarchie cérébrale humaine qui n'est pas double mais triple, union du triple étage de l'unité corporelle, du psychisme intelligent et du spirituel. Nous ne sommes pas juxtaposition d'une machine à penser froide et logique et d'une chair riche de sentiment, d'affectivité et de désir dans un déchaînement illogique et irrationnel, nous sommes amour, c'est-à-dire union, à un plan supérieur qui dépasse la raison sans lui être contrainte, de l'affectif et du rationnel. Nous ne sommes pas cerveau primitif ou cerveau noétique, nous sommes cerveau préfrontal et les deux autres cerveaux ne peuvent fonctionner humainement que sous le contrôle du préfrontal où s'incarne la fine pointe spirituelle de l'âme, ce par quoi nous sommes vraiment homme.

Rien n'est plus dangereux que le vocable sentiment, car il n'est souvent que camouflage conscient des besoins érotiques et des besoins d'amitié sociale. Nous isolons le sentiment, les uns, surtout les femmes, pour le célébrer, les autres, surtout les hommes, pour le dénoncer et le refouler. Faudrait-il n'avoir pas de cœur, ou faudrait-il en avoir, ou faudrait-il lui faire place de temps en temps quand « le guerrier a besoin de repos ? » On n'aura jamais trop de cœur, mais le cœur c'est la lucidité du vrai amour, de la vraie liberté, de la vraie spontanéité qui est vraie volonté, c'est la spontanéité aimante de se conduire en homme complet. Le cœur, ce n'est pas le sentiment que déchaîne la presse dite du cœur qui n'en a que le nom. Il faut reconnaître avec l'esprit féminin la primauté du cœur, mais lutter contre la tendance de cet esprit à identifier le cœur avec son infrastructure sentimentale en l'opposant à la raison. Il faut reconnaître avec l'esprit masculin la primauté de la raison, mais de la vraie raison humaine qui est précisément le vrai cœur et qui n'a pas ainsi à s'éclipser de temps en temps pour lui faire place car elle est toujours amour.

Quelle singulière ignorance de penser que ce qui fait le charme de la vie humaine c'est de se passer de temps en temps de cerveau, de limiter celui-ci à la vie intellectuelle, à la pensée alors que c'est l'organe de la vie humaine sentie et vécue, l'organe de la relation sociale humaine équilibrée qui n'existe que dans un amour conscient donnant tout son sens à l'obscur besoin des autres qui est dans notre chair.

Cette nécessité de l'amour pour l'équilibre humain, elle ne va pas de soi, car, nous l'avons vu, chez l'homme tout s'apprend. C'est pour cela que la plupart des hommes prennent pour liberté et spontanéité l'esclavage des tentations naturelles de dénaturation qui nous fixent à un niveau inférieur comparable à l'état des malades et des non-adultes. Il ne suffit pas d'avoir une zone préfrontale, il faut aussi savoir l'utiliser correctement et non pour déchaîner les cerveaux inférieurs et se priver de liberté. L'homme qui veut rester homme n'a que la liberté du bien. Ainsi, chez l'homme, l'amour et la liberté apparaissent comme de difficiles devoirs apparemment contraires à nos tendances spontanées qui sont des préjugés et ce que nous appelons amour et liberté en l'opposant au devoir, à l'ascèse, à la volonté n'en est en fait qu'une inhumaine caricature. Que nous le voulions ou non, nous sommes forcés de nous accepter tels que nous sommes et d'obéir aux lois de fonctionnement correct de notre organisme. Le devoir, ce n'est pas un code juridique de permissions et d'interdictions dont l'inobservation nous ferait punir par quelque législateur suprême. Un tel devoir contraire à la liberté humaine est déséquilibrant et il faut le refuser. Mais le refus du faux devoir ne conduit pas à l'erreur de s'opposer à la nécessité du devoir vrai considéré comme l'obéissance au dynamisme montant de réalisation de ce que nous sommes appelés à être, un effort volontaire de croissance spirituelle incarnée. On ne nous permet ou interdit rien : avec lucidité, *nous nous interdisons* ce qui nous fait du mal à nous et aux autres, nous refusons de nous amoindrir, de passer pour des malades, des ignorants, des incapables, des saboteurs. Condamnés par notre organisme, par une nécessité de santé et d'hygiène supérieure à aimer, nous acceptons d'aimer, nous voulons aimer, nous apprenons à aimer, nous prenons la bonne habitude d'aimer.

Une réflexion sur la psychophysiologie de la volonté doit donc obligatoirement s'achever dans une lutte contre le préjugé qui oppose l'effort, l'ascèse, la volonté, le devoir à la liberté, l'amour et la vraie spontanéité. Le secret de la vraie bonne volonté humaine, c'est-à-dire de la volonté bonne, de l'utilisation correcte du cerveau, du contrôle cérébral dans la lucidité de la prise de conscience et de la maîtrise, il est dans la compréhension des rapports de l'amour et de la volonté il se résume en *vouloir aimer* et *aimer vouloir*, dans la recherche passionnée de l'optimum, où la sagesse rejoint la sainteté. Que devons-nous vouloir ? A quoi appliquer notre liberté ? A aimer valablement et correctement, d'un amour pleinement humain car c'est le secret de l'équilibre individuel et social. Ce n'est pas dans une machine à raisonner que nous pourrons nous reconnaître, mais dans une impossible machine à aimer. On connaît la légende de Malebranche donnant un coup de pied à sa chienne incapable de souffrance vraie. C'était l'erreur des animaux-machines de Descartes. C'est à une tortue électronique qu'on peut donner ce coup de pied sans aucune crainte que de casser le matériel, même si le constructeur l'a douée des mécanismes lui permettant de s'enfuir en gémissant car ce ne serait qu'une caricature d'affectivité. Au contraire les animaux ne sont pas une caricature de notre affectivité, ils en sont des réalisations à niveau inférieur de complexité, d'organisation. Le grand mérite de Teilhard de Chardin, nous le voyons dans la loi de complexité-conscience qui nous fait encore difficulté. En fait, le R. P. Teilhard voyait beaucoup plus loin en poussant davantage la connaissance scientifique de la série des êtres, dans une attitude à la fois heuristique et prospective dont l'avenir aura de plus en plus besoin. La montée d'organisation dans l'évolution biologique n'est pas que montée de conscience permettant de plus et mieux s'unifier, penser, réfléchir et vouloir dans un progrès de personnalisation qui s'achève ici-bas dans la vraie personne, celle de l'homme. Elle est avant tout montée de relations d'amour, *amorisation* et le caractère personnel se marque d'autant plus que l'amour est plus développé. La noosphère n'est pas une société rationaliste, elle n'est à l'opposé de la déshumanisante technosphère que parce qu'elle est *agaposphère*, achèvement des possibilités de personnalisation de l'homme dans une société personnalisante, car fondée sur l'amour, cet amour équilibré, hygiène suprême de l'homme dont nous comprenons aujourd'hui qu'il est d'aimer son prochain comme soi-même en référence à un idéal.

Mais si l'amour est au point d'aboutissement, c'est qu'il est déjà depuis toujours constitutif du monde, donc présent à l'origine. Cette montée d'organisation matérielle, elle est non une association par contrainte extérieure comme une suspension due à l'agitation de la boue, mais une *interattraction* qui, dès l'origine, a une nature affective, traduit l'amour. Non que par un anthropomorphisme ridicule il faille dire que les atomes s'attirent parce qu'ils s'aiment comme des hommes ou que les cellules de l'organisme supérieur s'aiment et restent volontairement ensemble ou que le papillon aime sa femelle comme l'homme aime la femme. Mais l'homme n'a en lui la nécessité d'aimer son prochain comme lui-même que parce que l'amour est la loi de la nature, malgré les apparences contraires de lutte qui ne sont qu'un dramatique aspect, mais le moins important. Ce n'est pas sans signification que la physicochimie nomme et mesure sous le nom d'affinité les forces d'attraction. L'amour est proportionnel au niveau d'organisation : il est interattraction des atomes et des molécules puis unification des éléments de la cellule douée de cet élémentaire et automatique amour de soi qui lui fait avoir un comportement défensif; il est interattraction des cellules-sœurs de l'organisme supérieur qui les maintient ensemble dans un organisme unifié où l'amour inconscient de soi se marque dans la régulation automatique du milieu intérieur et des instincts; il est dans l'instinct social et dans l'instinct sexuel, interattraction des individus, le tout réalisé dans la centrale de l'automatisme de l'amour de soi et de l'amour d'autrui, le cerveau inférieur de l'instinct. Mais plus on s'élève dans l'organisation et la complexité du cerveau, plus ce niveau élementaire d'amour se voit complété par la prise de conscience de ce qui convient, la reconnaissance de l'autre en tant qu'individu affectivement choisi pour lui-même : la sexualité d'un papillon est un automatisme déclenché par l'odeur, ne comportant pas d'amour psychique vrai, tandis que chez oiseaux et mammifères il repose sur la reconnaissance préalable de l'autre en tant qu'autre, un vrai amour, s'il n'a pas encore le niveau humain. Justement cette science de l'amorisation vient nous préciser que la morale de l'amour correspond à la constitution naturelle de l'homme. Celui-ci ne saurait y échapper sans se déséquilibrer, mais à l'inverse de l'animal qui ne peut normalement sortir de sa vraie nature, l'homme, parce qu'il est libre, a le pouvoir de dérailler en utilisant ce qui est normalement le pouvoir de s'attacher librement au bien. Chez lui, même le bien devient déséquilibrant et contre nature s'il est imposé. C'est ce que montre bien l'exemple de ces peuples primitifs dont on a voulu améliorer les conditions de vie en détruisant les structures sociales : loin de les favoriser, on les a conduits à un dégoût de vivre et à la disparition. Celui qui est la proie de mauvaises habitudes déséquilibrantes doit apprendre à le reconnaître pour en changer de son plein gré. C'est pour cela que la morale au sens usuel du mot, qui est une contrainte, apparaît comme le contraire de la vraie morale qui est conversion, conviction de ce qui est bon et utile, sain.

Aimer vouloir : les conditions du bonheur.

Vouloir aimer ne suffit pas pour l'équilibre de l'homme; il lui faut plus encore aimer vouloir. C'est en aimant vouloir, ce devoir d'aimer vouloir que nous trouvons notre équilibre. Aimer vouloir c'est avoir compris la nécessité de l'effort de volonté bonne. Que recherche l'homme dans une quête inquiète et désespérée, c'est le *bonheur* avec cette intuition instinctive que le bonheur est lié à l'équilibre et l'épanouissement de l'être. Mais, ici aussi, que de préjugés, que d'illusions, que d'erreurs : nous ne savons pas ce que c'est qu'être heureux et pour l'être à tout prix avec une spontanéité charmante nous faisons notre malheur et celui des autres, n'arrivant pas à comprendre que la bonne volonté ne suffit pas, qu'il y faut la volonté bonne. Que faut-il pour être heureux ? Nul ne l'a mieux expliqué que Teilhard de Chardin et ce n'est pas étonnant : c'est qu'il connaissait les conditions biologiques de l'amorisation et que l'amorisation correcte, sommet de l'humanisation, est le seul secret de la montée vers le bonheur qui est difficile source de la joie de vivre dans une ascèse bénéfique pour qui a compris. Que nous montre le monde qui nous entoure ? « D'abord, nous dit Teilhard [4], des fatigués (ou des pessimistes) qui répugnent à l'effort, ensuite des bons vivants (ou des jouisseurs) et enfin des ardents, pour qui vivre est une ascension et une découverte. Non seulement pour les hommes formant cette catégorie, il vaut mieux être que ne pas être, mais encore il est toujours possible, et uniquement intéressant, de devenir plus. Aux yeux de ces conquérants, l'être est inépuisable, — non pas à la manière gidienne, comme un joyau à facettes innombrables, qu'on peut tourner en tout sens sans se lasser, — mais comme un foyer de chaleur et de lumière dont il est possible de se rapprocher toujours plus. »

« Pessimisme et retour au passé; jouissance du moment présent; élan vers l'avenir. Trois attitudes fondamentales en face de la Vie... trois formes opposées de bonheur en présence; bonheur de tranquillité, bonheur de plaisir. Bonheur de croissance enfin. De ce troisième point de vue, le bonheur n'existe pas, ni ne vaut par lui-même, comme un objet que nous puissions poursuivre et saisir en soi; mais il n'est que le signe, l'effet et comme la récompense de l'action convenablement dirigée... Nul changement ne béa-

[4] *Réflexions sur le bonheur*, Pékin 1943. Cahier Teilhard n° 2, Ed. du Seuil.

tifie à moins qu'il ne s'opère en montant. L'homme heureux est donc celui qui, sans chercher directement le bonheur, trouve inévitablement la joie, par surcroît, dans l'acte de parvenir à la plénitude et au bout de lui-même en avant. »

Entre ces trois bonheurs, Teilhard nous montre les raisons objectives et scientifiques, les raisons biologiques dans notre organisme de choisir la troisième, seule pleinement humaine. Il faut aller vers la plus grande conscience et notre personnalisation comporte trois temps : centration d'abord, décentration ensuite, surcentration enfin. *Centration :* « pour être pleinement nous-mêmes, nous devons travailler toute notre vie durant à nous organiser, c'est-à-dire à porter toujours plus d'ordre, plus d'unité dans nos idées, nos sentiments, notre conduite... Etre c'est d'abord se faire et se trouver ». *Décentration :* « la tentation ou illusion élémentaire qui guette, dès sa naissance, le centre réfléchi que nous abritons chacun au fond de nous serait de s'imaginer que pour grandir il lui est bon de s'isoler sur soi, et de poursuivre égoïstement, en soi seul, le travail original de son achèvement : se couper des autres, ou tout ramener à soi... Nous ne pouvons progresser jusqu'au bout de nous-même sans sortir de nous-mêmes en nous unissant aux autres, de façon à développer par cette union un surcroît de conscience. De là les urgences, de là le sens profond de l'amour qui, sous toutes ses formes, nous pousse à associer notre centre individuel avec d'autres centres choisis et privilégiés, — l'amour dont la fonction et le charme essentiels sont de nous compléter ». *Surcentration :* « pour être pleinement nous-mêmes, nous nous trouvons forcés d'élargir la base de notre être, c'est-à-dire de nous adjoindre « de l'Autre ». Or une fois amorcé un petit nombre d'affections privilégiées, ce mouvement d'expansion ne s'arrête plus : mais il nous aspire insensiblement de proche en proche sur des cercles de rayon toujours plus grand... Nous pouvons prévoir le moment où les hommes sauront ce que c'est, comme par un seul cœur, de désirer, d'espérer, d'aimer tous ensemble la même chose en même temps... ce que la Vie nous demande en fin de compte, de faire pour être, c'est de nous incorporer et de nous subordonner à une Totalité organisée dont nous ne sommes, cosmiquement, que les parcelles conscientes. Un centre d'ordre supérieur nous attend — déjà, il apparaît — non plus seulement à côté, mais au-delà et au-dessus de nous-mêmes.

« Non plus seulement se développer soi-même, donc, — ni même seulement se donner à un autre égal à soi — mais encore soumettre et ramener sa vie à un plus grand que soi. Autrement dit, être d'abord, aimer ensuite, et, finalement adorer. Bonheur de grandir, bonheur d'aimer et bonheur d'adorer. Voilà en dernière analyse la triple béatitude que la théorie nous permet de prévoir en partant des lois de la Vie. Le vrai bonheur nous attend dans une direction marquée 1) par l'unification de nous-même au cœur de nous-mêmes; 2) par l'union de notre être avec d'autres êtres nos égaux; 3) par la subordination de notre vie à une vie plus grande que la nôtre... Pour être heureux, premièrement, il faut réagir contre la tendance au moindre effort qui nous porte, ou bien à rester sur place, ou bien à chercher de préférence dans l'agitation extérieure le renouvellement de nos vies. Dans les riches et tangibles réalités matérielles qui nous entourent, il faut sans doute que nous poussions des racines profondes. Mais c'est dans le travail de notre perfection intérieure intellectuelle, artistique, morale — que, pour finir, le bonheur nous attend. Pour être heureux, deuxièmement, il faut réagir contre l'égoïsme qui nous pousse, ou bien à nous fermer en nous-même, ou bien à réduire les autres sous notre domination. Et pour être heureux — tout à fait heureux, troisièmement, — il nous faut, d'une manière ou de l'autre, directement ou à la faveur d'intermédiaires graduellement élargis (une recherche, une entreprise, une idée, une cause...) transporter l'intérêt final de nos existences dans la marche et le succès du Monde autour de nous ». Faire son salut en sauvant le monde, c'est-à-dire grandir et faire grandir, et finalement exercer le rôle auquel notre nature que nous devons réaliser nous contraint par libre et raisonnable choix, c'est cela finalement qu'il nous faut vouloir. C'est dans cette lucidité qu'il nous faut marcher. Nous retrouvons la nécessité primordiale non de foncer à l'aveugle, mais d'y voir clair pour que l'action en découle en quelque sorte d'elle-même : effort de réflexion plus qu'effort d'action, tel est le secret de la vraie maîtrise, une valeur éminemment commune à tous les hommes du fait qu'ils sont hommes et qui doit susciter une réflexion métaphysique sur un autre plan qui n'est pas de l'ordre de la science, mais que la réflexion logique sur la science rend vraisemblable. Pourquoi cet effort de maturation jusque dans l'extrême vieillesse si ce qui mûrit est destiné à disparaître avec la destruction du corps; pourquoi cette montée d'adoration si elle ne culmine pas dans le suprêmement adorable, un Dieu personnel et amour. Pour Teilhard, « la solution complète au problème du bonheur (est) dans la direction d'un Humanisme chrétien ou si vous préférez dans celle d'un Christianisme super-humain ».

Passion de l'optimum et dangers de l'égoïsme.

Ainsi la volonté consiste pour chacun de nous à devenir toujours plus ce qui est notre vocation d'être, mais d'être social membre de l'humanité en marche. Pour vouloir plus être, il faut se situer correctement dans le monde vis-à-vis des choses et des autres dans l'espace et le temps. Nous tombons facilement dans deux erreurs complémentaires, celle d'une affirmation égoïste de soi qui est inhumaine dénaturation car l'homme est un être limité souffrant et mortel qui n'a son équilibre que si son expansion est limitée par celle des autres. Le culte du moi dépersonnalise la relation sociale qui n'est plus interpersonnelle, il empêche le service et le don par lequel le moi trouve son équilibre dans un échange où il reçoit et où il donne. Il est source d'indifférence, de mépris ou de haine qui sont la négation de l'amour nécessaire à l'épanouissement de notre être. Mais pour pouvoir donner, il faut être : aussi est-il faux, sous prétexte de lutter contre l'égoïsme, d'arriver à un oubli total de soi. Il n'y a pas à se laisser opprimer ou dévorer : l'autre ne peut aimer que s'il donne aussi et non s'il reçoit ou prend uniquement. Le vrai oubli de soi n'est pas le refoulement de soi, il n'est que l'abandon de l'égoïsme, non quelque chose qui s'obtient par un effort incessant, mais sa vraie nature dont on prend l'habitude. Pour s'oublier sainement, il faut continuer à être et ne renoncer qu'à l'égoïsme. On a bien trop l'habitude de présenter comme un héroïsme de sainteté, une inhumaine volonté d'oubli en Dieu et de dépersonnalisation, comme une diminution ou une abjection, ce qui en réalité nous grandit et nous permet d'être parfaitement nous-même. Dans l'amour d'autrui qui nous est nécessaire dans le second temps de la recherche du bonheur il ne s'agit pas de seulement monter nous-même mais de faire monter l'autre en ne l'empêchant pas, ni par altruisme excessif et faux, ni par égoïsme, de nous aimer d'un vrai amour équilibré. Et dans le temps d'adoration, il ne s'agit pas de se perdre dans un grand tout dépersonnalisant, mais de se supersonnaliser dans la marche vers un idéal, le plus personnalisant des idéaux étant le vrai Dieu personnel et transcendant.

Que faut-il vouloir ? Il faut avoir la *passion de l'optimum*, le désirer de toutes ses forces et lutter pour s'y maintenir. Mais la passion de cet optimum au sens tragique du mot passion, c'est précisément que l'optimum ne nous passionne pas. Il en est de cet optimum comme de la liberté dont E. Borne nous a décrit la passion car ceux qui la désirent le plus passionnément sont ceux qui contribuent à la déchirer en des lambeaux contradictoires. On ne désire pas l'optimum, car l'optimum nous semble synonyme de modération, de ce qui n'exige que le moindre effort, ce qui va de soi. La passion, nous la réservons aux extrêmes : on est passionnément conservateur ou rétrograde, révolutionnaire ou progressiste, on est violemment partisan d'une opinion ou de son contraire sans s'apercevoir que ce n'est pas ainsi qu'on atteint la vérité et l'équilibre. Ici aussi, il faut distinguer un faux optimum qui est culte modéré d'un égoïsme dénaturant, qui est volonté statique de n'avancer, ni de reculer. C'est caricaturer l'optimum qu'y voir une opinion moyenne centriste, non engagée et sans passion. Le vrai optimum c'est la recherche passionnée de la vérité dans une lutte enthousiaste pour monter, c'est mettre toutes ses forces à la tâche humaine en refusant de perdre le précieux temps, foncer vers le haut et le vrai, mais foncer avec prudence (une prudence passionnée ou une passion prudente !) en n'oubliant pas que foncer sans prudence c'est se tromper et perdre finalement du temps. Redonner son vrai sens à l'optimum c'est aussi redonner sa signification à la vertu, la force de prudence qui n'est pas refus d'agir scrupuleux, mais qui s'exprime par une audace réfléchie.

Cette nécessité de l'optimum pour être dans le vrai, elle est, nous l'avons rappelé, une loi biologique d'équilibre de notre cerveau, la règle de notre santé psychosomatique qui n'accepte aucun excès ni dans un sens, ni dans l'autre. Il faut un optimum d'oxygène, d'hormones, de vitamines, il faut un optimum égalitaire dans les relations sociales. Pour définir l'optimum, cette voie moyenne où il faut progresser avec un dynamisme passionné, le mieux est de toujours apercevoir les deux limites opposées qui marquent les frontières des déséquilibrés. Dans un esprit que l'on dit cartésien, nous aimons bien que la vérité soit d'un côté et l'erreur de l'autre, alors que la vérité est bien plutôt dans la synthèse de deux affirmations opposées qui, si on les isole, sont des erreurs et qui si on les réunit, compensent leurs outrances pour tomber dans la vraie réalité. C'est la juste affirmation que thèse et antithèse ne sont contradictoires qu'en apparence et que la vérité se trouve dans la synthèse supérieure qui retient ce qu'avaient de vrai les thèses en apparente contradiction. Tentation naturelle de dénaturation qui s'offre à nous comme une voie de perdition pour notre volonté que cette passion des extrêmes ou que cette confusion de l'optimum et de l'inaction. Repérons lucidement la voie moyenne qui est la voie du véritable amour et progressons-y avec passion car elle est cette difficile synthèse de l'esprit de conservation et de l'esprit de progrès où le progrès est réalisation, donc meilleure conservation des possibilités naturelles d'origine, et non pas marche destructrice à l'aveugle, où la conservation n'est pas refus de réaliser mieux les valeurs, mais orientation du progrès, reconnaissance du dynamisme de la vraie nature humaine, cette volonté de lutter pour le mieux afin de ne pas déchoir vers le pire.

CONCLUSIONS

Traditionnellement la volonté est un pouvoir, une force qui est en nous et que la morale nous impose de mettre en jeu mais au service du seul bien. Les progrès de la psychologie scientifique et de la psychopathologie nous ont rendus assez sceptiques sur l'existence de la volonté humaine. Certains en arriveraient presque à se demander si elle n'est pas une illusion. Nous obéissons à tant de déterminismes impérieux, naturels et pathologiques, qu'on pourrait penser que la volonté n'est que camouflage d'une impulsion toute puissante que nous acceptons pour ne pas en reconnaître la toute-puissance. Notre impuissance à vouloir est une bonne excuse toujours prête. Et d'ailleurs à quoi servirait-elle cette force de réalisation sinon à nous permettre de nous engager suivant notre bon plaisir, car que vouloir ? Les moralistes des diverses écoles et les amoralistes ne sont nullement d'accord sur ce qui est bien et ce qui est mal. Accepter d'ailleurs cette notion de bien et de mal, est-ce garder sa libre volonté : nous adhérons en fait à la volonté d'un autre. L'un des principaux arguments de l'athéisme n'est-il pas que l'existence d'un Dieu tout-puissant qui nous fixe des lois et des normes est la négation de notre liberté ? Les marxistes voient dans cette croyance le moyen pour les riches de paralyser la volonté populaire en prêchant la résignation qui est obéissance à leur volonté projetée en un être surnaturel. Certains psychanalystes ne peuvent se détacher de la vision névrosante d'un Dieu paternaliste caricature du père abusif et oppresseur. Se voulant libre et totalement autonome, l'homme moderne ne saurait concevoir la volonté que comme possibilité de faire n'importe quoi, ce qui en fait une conduite absurde dans son insignifiante fantaisie qui ne viserait qu'une satisfaction égoïste instantanée.

Au moment où, libéré, l'homme moderne a besoin, sous peine de catastrophe, de savoir quoi faire de sa liberté, quoi vouloir, il se trouve dans le doute le plus total. Pour en sortir, il faut se demander scientifiquement et objectivement ce qu'est l'homme [1]. C'est ce que nous avons fait en nous basant sur la constitution neurobiologique, les mécanismes qui nous donnent la possibilité d'être un homme. On est ici sur un terrain scientifique et objectif, valeur commune que tous doivent accepter, quelles que soient leurs options métaphysiques. Construire d'abord l'homme sur la métaphysique c'est aujourd'hui ne pas arriver à s'entendre, alors que si nous nous fondons sur la biologie humaine, nous donnerons des arguments que personne ne pourra contester. Ce qui ne veut pas dire que le niveau métaphysique, le seul totalement essentiel, n'importe pas, mais c'est en réfléchissant sur la signification scientifique de l'homme qu'on devra logiquement retourner aux explications métaphysiques des incontestables valeurs humaines.

Si nous cherchons désespérément à localiser ou capter dans le cerveau la volonté, c'est une tentative aussi inutile

---

[1] Paradoxe, l'homme moderne scientifique et technicien a besoin qu'on lui démontre ce qui est évidence pour les simples !

que de vouloir en situer le point d'insertion, la mystérieuse centrale où une force spirituelle dite volonté actionnerait la mécanique corporelle. En tant que force indépendante la volonté n'existe pas : elle est une fonction cérébrale, c'est-à-dire une manière d'être qui, contrairement au préjugé usuel, ne consiste pas en une extraordinaire tension motrice positive d'action ou négative de retenue et de maîtrise. C'est, nous l'avons vu, la prise en charge personnelle de la conduite et du psychisme. L'essentiel n'est donc pas l'action ou la maîtrise qui résulteront automatiquement de notre décision lucide. *L'essentiel, c'est la lucidité, la réflexion, le jugement.* C'est ce pouvoir que nous avons et que n'a pas, par insuffisance cérébrale [2], l'animal de nous situer au-dessus de l'action pour en envisager la signification totale par rapport à nous-même et notre situation dans le monde des choses et des autres hommes. *Toute volonté qui choisirait le mal est donc un non-sens car il s'agirait d'un pouvoir personnalisant qui choisirait la voie de la dépersonnalisation.* La volonté n'est vraie volonté humaine que si elle est l'effort de lucidité qui nous montre la valeur humanisante du bien pour nous-même et les autres.

Effectivement, si nous envisageons la volonté comme un absolu qui n'a pas à lutter contre les déterminismes, comme le service d'une liberté totale que rien ne limite, ceci n'a rien à voir avec la liberté humaine qui est lutte contre les déterminismes pour choisir obligatoirement la voie du bien. Difficile nécessité de concilier liberté et obligation. Il n'y a qu'une voie possible sous de multiples options, manières de la réaliser et en un certain sens nous ne sommes pas libre de vouloir n'importe quoi, si nous voulons étant homme nous conduire en homme et progresser dans l'hu-

---

[2] Métaphysiquement une insuffisance d'âme, un niveau moindre d'être.

manisation, ce qui semble notre logique devoir, non par une contrainte étrangère, mais par cette contrainte que nous devons nous imposer, librement mais avec lucidité, de nous comporter en accord avec notre nature. Qui doit conduire une machine est certes, en théorie, libre de faire n'importe quoi. A moins d'être un fou ou un saboteur, il se conformera aux indications du constructeur. Mais dans le cas de la machine, le mode d'emploi est étranger à la machine, même si celle-ci est automatique, il est dans le plan de construction que la machine a reçu du constructeur. Dans le cas de l'homme, si nous voulons rester au plan des phénomènes matériels, il n'y a pas de constructeur, puisque notre organisme s'est *autoconstruit* en vertu de l'interaction entre l'hérédité et le milieu. Ceci n'implique nullement l'absence de mode d'emploi, de fonctionnement correct que la biologie met en lumière en précisant les finalités de tous les rouages organiques. Beaucoup de scientifiques récusent le mot finalité car ils y voient une théorie philosophique n'ayant rien à voir avec la science. Certes, il existe une philosophie de la finalité et c'est à ce plan que nous en décelons le sens complet, mais tout autre est d'étudier métaphysiquement le problème de la finalité et de constater le fait des finalités organiques qu'on ne saurait nier sous peine de renoncer à la physiologie et à la médecine. Jamais un médecin ne ferait un rapport Kinsey du foie, classant les divers types de cellules avec la seule notion de fréquence sans aucune distinction de normal et de pathologie. Le médecin institue des épreuves fonctionnelles pour demander au foie de chacun dans quelle mesure il est normal, c'est-à-dire capable d'assumer correctement ses fonctions. De même il devrait être impossible à un psychologue et un sociologue de décrire un comportement humain sans porter un jugement de valeur sur sa signification par rapport à la norme du dynamisme d'humanisation, de conformité à l'utilisation normale, c'est-à-dire libératrice d'un cerveau hiérarchisé, sain et vraiment adulte.

Il est paradoxal de voir l'admirable effort des philosophies modernes déboucher sur le néant, car elles s'obstinent à se vouloir purement descriptrices, phénoménologiques, refusant de s'intéresser aux notions métaphysiques d'essence, de nature, d'être. C'est justement qu'elles critiquent une certaine manière traditionnelle d'envisager métaphysiquement la nature humaine, qui d'ailleurs est plus le fait d'une scholastique figée, infidèle à ses fondateurs, dont elle ne fait que répéter le langage au lieu d'en améliorer la formulation pour la rendre plus accordée aux principes grâce aux progrès de la connaissance scientifique. Mais de ce que l'être a été envisagé trop statistiquement et sans histoire pourquoi le refuser au lieu de restituer son vrai visage dynamique à la nature humaine qui est personne[3]. C'est à cela que nous oblige la connaissance scientifique de l'homme car elle n'est pas description phénoménale de mécanismes et d'organes, mais connaissance matérielle d'un être unifié et des conditions matérielles de sa spiritualité, une connaissance qui débouche obligatoirement sur la métaphysique.

La vraie volonté est ainsi le désir de se conformer à cette nature qui est en nous comme un organe de programmage, non quelque chose de tout fait, mais quelque chose à faire et qui ne s'impose à nous que logiquement, c'est-à-dire que nous avons le pouvoir de refuser stupidement ce qui est la finalité de notre être et le secret du vrai bonheur.

Nous avions cru nous libérer totalement en éliminant Dieu et sa morale. C'est que nous sommes tombés dans l'illusion de facilité commune aux croyants et aux

[3] « Tout être humain est une personne, c'est-à-dire une nature douée d'intelligence et de volonté libre ». *(Pacem in Terris)*.

incroyants de penser Dieu comme entièrement étranger à nous-mêmes, la morale comme une contrainte extérieure sans aucune signification que surnaturelle. Or ni Dieu, ni la morale ne sont entièrement éliminables si nous voulons continuer d'être et de vouloir. En nous voulant imprudemment et faussement totalement libres, nous perdons notre liberté et notre volonté, nous devenons les esclaves de toutes les tentations naturelles de dénaturation qui nous viennent des niveaux inférieurs de notre organisation. Le doute métaphysique permet d'éliminer la morale surnaturelle et la transcendance de Dieu, ce qui semble pourtant illogique au croyant, mais il n'est pas possible d'éliminer ainsi toute morale pas plus que tout aspect de Dieu. Il existe une *morale naturelle* qui dépend de notre constitution même. La refuser c'est une ignorance qui est un manque d'hygiène. Elle repose sur la signification du monde et des êtres, quelle qu'en soit l'origine, qui métaphysiquement, même pour l'incroyant au vrai Dieu, au Dieu complet est une harmonie, un idéal, ce que le croyant sait être l'aspect immanent, présent au monde, du vrai Dieu. Le conflit n'est plus aujourd'hui entre matérialistes et spiritualistes, athées et croyants, au sens classique du mot, il est entre des spiritualistes matérialistes qui refusent la pleine dimension de l'esprit pour n'en garder que l'aspect incarné, les conditions matérielles et des matérialistes spiritualistes pour qui ces conditions matérielles sont logiquement le chemin qui les conduit à la confirmation de la nature métaphysique vraie de l'esprit comme par ailleurs, entre les croyants du vrai Dieu qui n'est pas un despote aliénateur, mais le créateur responsable de notre liberté, qui respecte la dignité relativement autonome (car cette autonomie est leur mode d'être), des créatures et les croyants d'un Dieu impersonnel, purement immanent donc sans existence propre, l'Infini, l'Idéal, l'Harmonie, l'Amour. Quand les deux groupes d'hommes auront achevé de s'accorder sur ces valeurs communes d'un monde en amorisation où l'unique devoir de l'homme est d'être suramorisateur, il leur sera davantage possible de professer une vraie tolérance. Celle-ci n'est pas scepticisme désabusé devant l'impossibilité de connaître la vérité ou concession attristée devant l'erreur, mais reconnaissance qu'il est des niveaux différents de vérité où l'adhésion universelle est de plus en plus difficile car touchant de plus en plus l'engagement libre et responsable de nos personnes. Dans une perspective dynamique de progrès où « tout ce qui monte converge » la devise de Teilhard, nous avons la certitude que, s'il va vers le plus vrai, le cheminement de chacun, sans sortir de sa visée personnelle, ne peut pas manquer un rapprochement avec celui des autres si ceux-ci sont aussi fidèles à leur point de vue.

Dans cette recherche passionnée de l'optimum qui nous pousse aux erreurs extrêmes, bien peu optima, car nous ne savons pas ce qui nous convient, nous nous opposons furieusement en partisans de la lutte, de la conquête, de l'effort, tout réussir par la volonté de l'homme et de ses seules forces, rêve prométhéen d'un homme nouveau amélioré, et partisans de l'abandon, du détachement, de la soumission à une grâce extra-humaine que nous recevons gratuitement, que nous la rattachions à Dieu ou à quelque mystérieux pouvoir apaisant d'une communion à la nature.

Ici encore, la neurophysiologie de la volonté est éclairante car elle nous permet de rétablir la vérité dans la synthèse de l'effort et de l'abandon, en rétablissant la continuité entre grâce et volonté. Si la neurophysiologie nous confirme la nécessité personnalisante de l'effort, ce n'est pas n'importe quel effort : c'est bien une conquête, mais celle de notre vérité basée sur la connaissance de ce que nous sommes appelés à être d'après ce que nous sommes : nous n'avons pas à nous inventer, mais à nous *trouver*. La nouveauté n'est pas totale et à notre fantaisie, elle est conformité à ce programme d'être qui est en nous faute de quoi elle est échec et monstruosité. L'ascèse n'a pas pour but de châtier la chair, mais de lui permettre de réaliser sa vraie signification personnalisante.

Mais inversement cette ascèse doit être à base de détente et d'abandon. Celui qui se crispe en essayant de maîtriser désespérément les impulsions qui lui échappent n'y arrive pas. Il faut d'abord calmement avoir appris dans la lucidité à faire l'inventaire de soi-même, à cultiver son attention pour arriver à s'unifier et parvenir à la pleine maîtrise. Les techniques de la volonté ne sont pas des techniques d'effort physique, mais des techniques de repos, de relâchement, de décrispation, des techniques qui nous permettent de nous retremper en nous-mêmes et grâce auxquelles, après ce contact ressourçant au cœur de notre être, nous devenons capables d'ascèse et de bon vouloir. N'est-il pas significatif de constater cette convergence d'état cérébral entre l'autohypnose lucide des états de relaxation et les états d'extase mystique, le but métaphysique de certaines méthodes psychophysiques étant précisément l'union mystique, cette union mystique où le saint arrive à être plus authentiquement et activement lui-même en se soumettant en apparence passivement à l'influence d'un Dieu personnalisant.

Ainsi c'est une grave erreur que de confondre la volonté avec quelque prétendue vertu d'orgueil. L'orgueil, c'est au contraire la tentation du faible qui se croit fort et refuse de considérer sa faiblesse naturelle. Elle est très significative et vraie cette vieille histoire du péché originel dont le christianisme a fait un dogme : comment l'homme primitif, juste émergé à la liberté responsable, n'aurait-il pas été affolé d'orgueil, désireux de décider à sa fantaisie du bien et du mal au lieu de suivre les vraies indications de sa nature. Drame de nos tendances naturelles, dont les unes nous poussent à monter, les seuls authentiques, et dont les autres parce qu'incomplètes, nous conduisent à descendre, appétit du plaisir et du moindre effort qui nous prive de la vraie joie. Mais c'est cet abandon au plaisir que nous baptisons volonté !

Nous avons vu scientifiquement comment notre force se fondait sur une faiblesse, comment notre volonté ne pouvait s'appuyer sur de bons automatismes instinctifs. On n'insistera jamais trop sur les infériorités résultant de notre supériorité qui nous obligent à réfléchir lucidement avec prudence à ce qu'il faut vouloir. Il y a certes des individus normaux et des individus malades, qu'il s'agisse de troubles endocriniens ou de névroses. Mais s'il y a différence de nature entre un même comportement suivant qu'il est normal ou pathologique, le sujet qui effectue ce comportement n'est jamais ni totalement aliéné (sauf cas extrêmes de comas) ni totalement libre et maître de lui. La pathologie ne fait, au fond, que majorer nos tentations naturelles de dénaturation et rendre plus difficile la volonté. Le malade comme le bien portant doit donc faire aussi effort de lucidité et de maîtrise : il n'a pas à s'installer dans ce ghetto d'irresponsabilité où l'enferment les normaux sous le qualificatif d'anormal et de malade. Comme si les normaux étaient vraiment bien portants avec les graves erreurs de conduites dues à leurs ignorances et leurs imprudences qui les font se conduire avec moins d'excuses comme des malades. Comme si les anormaux étaient dans un état statique de déficience totale où toute montée leur était interdite. Tous, malades ou bien portants, dans l'abandon détendu à la grâce, nous avons à faire le souriant effort de maîtrise qui nous fera monter malgré nos difficultés et nos chutes : tous, nous sommes non des normaux et des anormaux, mais des hommes qui ont à s'humaniser, ce qui veut dire progresser dans un effort qu'aucune drogue ne viendra jamais suppléer, même si elle est indispensable pour amoindrir un déterminisme pathologique. L'effort infructueux peut être plus humanisant que l'effort trop facile.

Un *effort souriant*, un *effort joyeux*, tel est le dernier message de la physiologie de la volonté. Vouloir aimer, aimer vouloir ne suffit pas. Vouloir être heureux ne comporte pas seulement la lucidité sur ces conditions du bonheur que nous a si bien précisées Teilhard de Chardin. Il comporte *la volonté de sourire*, le devoir, l'effort de sourire et non pas ce sourire crispé qui est un sourire superficiel qui ne traduit pas un état profond de l'organisme. Le vrai sourire est une manière d'être de nos centres régulateurs affectifs de l'hypothalamus qui nous mettent organiquement et psychologiquement en état heureux. L'homme, être social, a le devoir d'être un *créateur de joie*. En s'imposant ce devoir de joie communicative, il est obligé de se mettre lui-même dans cet état c'est-à-dire de réaliser plus facilement en lui cet équilibre altruiste source du bonheur. Cessons d'attendre que nous vienne la joie, du monde et des autres, et découvrons partout les raisons de sourire afin de pouvoir assumer ce devoir hygiénique de sourire. Un sourire lucide qui n'est pas optimisme béat, mais réalisme basé sur la vertu d'espérance, vertu du bon vouloir. C'est dans la mesure même où nous sommes perdus dans le noir, l'incohérent et l'absurde qu'il nous faut témoigner pour la lumière, l'harmonie, la beauté et la bonté. Vouloir espérer quand même et toujours, car, malgré ce dur combat et ses échecs qui ne prendront fin qu'avec l'humanité, ce n'est pas le mal qui peut l'emporter car il est du négatif, une diminution d'être; malgré notre manque de lucidité et nos tentations, comment n'avoir pas l'intuition au moins à certaines heures de ce bien qui seul peut nous donner le bonheur vrai ?

« Mais, nous rapporte Péguy, l'espérance, dit Dieu, voilà ce qui m'étonne moi-même. Ça c'est étonnant. Que ces pauvres enfants voient comme tout ça se passe et qu'ils croient que demain ça ira mieux... Ça c'est étonnant et c'est bien la plus grande merveille de notre grâce. »

Et le R. P. Teilhard, dans sa lucidité, nous donne ce conseil : « Croyons seulement. Croyons d'autant plus fort et plus désespérément que la Réalité paraît plus menaçante et irréductible. Et alors peu à peu nous verrons se détendre, puis nous sourire, puis nous prendre en ses bras plus qu'humains, l'universelle Horreur... Parce que d'un cœur pur, nous aurons cru intensément sur le Monde, le Monde ouvrira devant nous les bras de Dieu. Dans ces bras, maintenant, pour que se ferme autour de nos vies le cercle du Milieu Divin, il nous reste à nous jeter. Ce geste sera celui d'une correspondance active au devoir quotidien. La foi consacre le monde. La fidélité y communie. »

Ecoutons enfin P. Termier sur l'esplanade de Québec : « Essaye de comprendre, essaye de connaître, et en tout cas aime. Ouvre les yeux à la beauté du monde et ton âme au mystère, et quand tu auras compris, explique à tes frères. »

BIBLIOGRAPHIE SOMMAIRE

Ajuriaguerra J. de et Hécaen H., *Le cortex cérébral*, Masson, 1960.

Baruk H., *Précis de psychiatrie*, Masson, 1959.
- *Psychiatrie morale*, P.U.F., 1950.

Berge A., *Les maladies de la vertu*, Grasset, 1960.

Carré R. P., *Béatitudes pour aujourd'hui*, Spes, 1963.

Chauchard P., *Hypnose et suggestion, Physiologie de la conscience, Physiologie des mœurs, La médecine psychosomatique, Société animale et société humaine, Le langage et la pensée, la vie sexuelle, la fatigue, le cerveau humain*, Presses Univ. fr. (Coll. Que sais-je ?).
- *Les mécanismes cérébraux de la prise de conscience*, Masson, 1956.
- *Précis de biologie humaine*, P.U.F., 1957.
- *Biologie et morale*, Mame, 1959.
- *Le cerveau et la conscience*, Seuil, 1960.
- *Des animaux à l'homme*, P.U.F., 1961.
- *La morale du cerveau*, Flammarion, 1963.
- *L'homme normal*, Ed. ouvrières, 1963.

Chanson P., *Pour la santé du corps et de l'esprit*, Spes, 1955.

Courberive J. de, *La volonté*, Aubanel, 1958.

Daim W., *Transvaluation de la psychanalyse*, A. Michel, 1956.

Déchanet J. M., *La voie du silence*, Desclée de Brouwer, 1959.

Desoille R., *Introduction à une psychothérapie rationnelle*, L'arche, 1955.

Devi I., *Santé et bonheur par le yoga*, Denoël, 1961.

Durand de Bousingen. *La relaxation*, Que sais-je ? P.U.F.

Foulquié P., *La volonté*, Que sais-je ?, P.U.F.

Grenet P., *Les 24 thèses thomistes*, Téqui, 1963.

Herrigel E., *Le zen dans l'art chevaleresque du tir à l'arc*, Ed. P. Derain.

Hesnard A., *Morale sans péché*, P.U.F., 1954.
- *Psychanalyse du lien interhumain*, P.U.F., 1957.

Horney K., *Les voies nouvelles de la psychanalyse*, L'Arche, 1951.

Huant E. et Dussert A., *Les maladies de notre société*, Debresse, 1961.

Huxley A., *L'art de voir*, Payot, 1953.

Kohler C., *Les problèmes neuropsychiatriques de l'enfant*, P.U.F.

Kohler M., *Techniques de la sérénité*, La Table Ronde, 1963.

Kunkel F., *Psychothérapie du caractère*, Vitte, 1952.

Le Moal P., *Pour une authentique éducation sexuelle*, Vitte, 1960.

Lepp I., *Clartés et ténèbres de l'âme*, 1956.
- *Hygiène de l'âme*, 1958, Aubier.
- *Psychanalyse de l'amour*, 1959.
- *La morale nouvelle*, 1963, Grasset.

Lyon J., *L'angoisse, mal du siècle*, Denoël, 1957.

Maillant C., *Cultivez votre volonté*, Prod. de Paris, 1960.

Nigelle E., *Sauvez vos nerfs*, Diff. nouv. du livre, 1957.

Niogret B., *Et tu ne scrupuleras pas*, Levain, 1963.

Odier C., *Les deux sources de la vie morale*, Baconnière, 1947.

Olivaux R., *L'éducation et la rééducation graphiques*, P.U.F., 1960.

Oraison M., *Amour ou contrainte*, Spes, 1957.
- *Devant l'illusion et l'angoisse*, Fayard, 1959.
- *Amour, péché, souffrance*, Fayard, 1960.
- *Les enfants prodigues*, Fayard, 1963.

Peset S., *L'éducation et son climat*, Ed. Ouvr., 1963.

Paillard J., *Données actuelles sur l'organisation de la moelle*, Act. neuroph. t. I. Masson, 1962.

Prudence C., *J'ai 17 ans*, Levain, 1963.

Robin G., *La guérison des défauts et des vices de l'enfant*, Domat, 1949.

Roon K., *Apprenez à vous détendre*, Denoël, 1961.

Rostand J., *Le droit d'être naturaliste*, Stock, 1963.

Scandel J., *Victoire sur l'insomnie*, Julliard, 1962.

Schaller J. P., *Morale et affectivité*, Salvator, 1962.

Stocker A., *Psychologie du sens moral*, Suzerenne, 1949.
- *Le traitement moral des nerveux*, Beauchesne, 1948.
- *De la psychanalyse à la psychosynthèse*, Beauchesne, 1957.
- *L'homme, son vrai visage et ses masques*, Vitte, 1954.
- *Névrose, perversion et santé de l'âme*, Nouv. éd. lat., 1960.
- *Folie et santé du monde*, Nouv. éd. lat., 1961.

Tocquet R., *Cultivez votre cerveau*, Les prod. de Paris, 1959.

Tomatis, *L'oreille et le langage*, Seuil, 1963.

Teilhard de Chardin. *Réflexions sur le bonheur*, Cahier 2, Seuil.
- *Le milieu divin*, Seuil, 1957.

Vittoz R., *Traitement des psychonévroses par la rééducation du contrôle cérébral*, Baillière, 8e éd., 1960.
- *Notes et pensées*, Levain, 1955.
- *Ouvrages collectifs*.
- *Vocabulaire de la psychologie*, P.U.F, 3e éd., 1963.
- *Qu'est-ce que vouloir ?*, Ed. du Cerf, 1958.
- *La motivation*, P.U.F., 1959.
- *Les méthodes de relaxation*, Cahiers de psychiatrie, Strasbourg, 1963.
- *La relaxation. Aspects théoriques et pratiques*, Exp. scient. fr., 1959.
- *Aptitudes et capacités : la méthode Ramain*, Ed. de l'épi, 1960.
- *Les techniques de la réalisation de soi*. L'âge nouveau, 1962.

TABLE DES MATIERES

PSYCHOLOGIE ET SCIENCES HUMAINES

collection publiée sous la direction de MARC RICHELLE